宗教改革2.0へ

toward The Reformation 2.0

松谷信司◉編著

ころから

序文

ハタから拓く「宗教改革2・0」

松谷信司

仏教界の危機感

キリスト教の本としては唐突であるが、まずは他宗教の話から。

国内に現存する約7万7千のお寺のうち、25年以内に3分の1以上がなくなるという衝撃的な予測が「クーリエ・ジャポン」誌に載ったのは2016年。世襲制以外で仏道に入る僧侶の数を増やすため、定年退職者を対象に講座を始めた臨済宗妙心寺派開眼《かいげん》寺（長野県）の住職・柴田文啓《ぶんけい》氏は、「社会は急速に変化しているのに、仏教の世界だけがそこから取り残されるわけにはいきません。人々が苦しいときこそ、救いの手をさしのべる——それこそが、我らの本来の責任であり、今、求められていることなのです」と話している。

宗教専門紙「中外日報」で同じ年、「2030年のシナリオから見えてくるもの」と題し、仏教界の「未来図」を描いてみせた「未来の住職塾」塾長の松本紹圭《しょうけい》氏（浄土真宗本願寺派光明寺僧侶）は、伝統仏教寺院の世代交代というテーマにおいて最も大きな課題を、「寺院関係者の未来への想像力の欠如」と断じ、「現在すでに明らかな事実を基に複数のシナリオを描き、来るべき未来へ万全の備えを施すことは、寺院の護持発展に責任を持つ住職の重要な役目」とした上で、「多様なシナリオのケーススタディーから混沌とした時代の変化を的確に捉え、お寺を次世代に確実につなぐ羅針盤となる寺業《じぎょう》計画を策定し、志を同じくする仲間と共にその実現に向け推進」することの必要性を説いた（2016年1月1日付）。

あわせて引用された南直哉《じきさい》氏（曹洞宗恐山菩提寺院代）のメッセージも、仏教に限らず多くの既成宗教教団に共通の今日的課題を突く。

『伝統』はともかく『前例』に従う限り、『教団』にも『住職』にも『未来』はない。これからは、今まで何をしてきたかが問題なのではなく、前人未到の領域(人口減と経済縮小、でなければ移民による多民族社会)に住職としてトライ・アンド・エラーで分け入っていく勇気と忍耐こそが必要だろう」

いずれの言葉からも、切羽詰まった現場の危機感がひしひしと伝わってくる。

翻ってキリスト教界はどうだろう。教会は寺院数の10分の1にも満たず、現役教職者(牧師、神父)の平均年齢は60歳をとうに超えている。「未来への想像力の欠如」という点でも決して引けを取るまい。「前例」に従うことこそが、「聖書的」にも「福音的」にも正しいと信じつつ、戦況が芳しくないことを薄々感じながら、耐えがたきを耐え、玉砕も辞さない「特攻精神」の境地に至ってはいないだろうか。

なぜ今「宗教改革」か

修道士マルティン・ルターが時の権力と癒着した旧来のカトリック教会のあり方に抗議の声を上げてから500年。「宗教改革」はルターの名と共に、世界史の教科書などをとおして多くの日本人も知るところとなった。2017年は現地のドイツでも、ルターにあやかった人形から宗教改革をテーマにしたボードゲームに至るまで、さまざまな関連グッズが売り出され、及ばずながら日本のキリスト教界でも各地で記念行事が催されるなど、それなりの盛り上がりを見せた。

しかし、中世に端を発した「改革」は、どこかで完結したわけではない。むしろ教会は常に「絶対者」の前で悔い改め、改革され続けなければならないというのが「改革派」を含むプロテスタント教会の信条でもある。では、日本のキリスト教はその務めを果たしてきたと言えるだろうか。とりわけ、「時の徴《しるし》」を見極めつつ啓蒙的な役割を担うべきキリスト教メディアは、一般メディアとは異なる独自の視点から、何らかの問題提起ができてきただろうか。

カトリック司祭（神父）らによる性虐待を告発するジャーナリストたちの奮闘を描いた映画『スポットライト 世紀のスクープ』が、2016年のアカデミー賞を受賞して注目を集めた。同作は実話を元に作られたフィクションだが、これらのニュースが報じられた当時、教会組織による隠蔽の実態は世界的にも衝撃を与えた。こうした醜聞は国内でも無関係ではなく、『スポットライト』より以前の2008年に週刊誌アエラ（朝日新聞出版）が教会のカルト化と牧師らによる性暴力の問題を報じて、白日の下にさらされている。

教会もしょせん「罪深い」人間の集まりに過ぎない。牧師や神父も人間である以上、過ちを犯す。しかし、そこに甘んじるのではなく、自らの宗教者としてのあり方を問いつつ、どこに構造的な課題があるのか客観的に検証し、未然に防ぐための措置を講じるような自浄作用は最低限求められて然るべきである。

そのためには、身内による耳当たりのいい言葉だけを聞いていてはいけない。国政を私物化し、身近に「イエスマン」をはべらせ、口利き疑惑をろくに検証しようともしない宰相の堕落ぶりと何ら変わらないようでは、外部の信用を得られるはずもない。耳を傾けるべきは、権威ある指導者の意向を「忖度」して本音を言わない「腹心の友」ではなく、真の「愛」をもって時に痛いところも突いてくれる「無党派」層の声ではないか。

「ハタから」の視点

２００９年、キリスト新聞社は「次世代の教会をゲンキにする応援マガジン」と銘打ってキリスト教総合情報誌「Ｍｉｎｉｓｔｒｙ（ミニストリー）」を創刊することになった。１９４６年の創業以来、「キリスト新聞」という週刊紙ひと筋で来た老舗の専門出版社だったが、特定の教派に偏らない「超教派」の強みを生かし、地方で疲弊する若い牧師や教会員の支えになるようなメディアを、というのが当初のコンセプトであった。

成り行き上、新聞の編集長を任されていた私が同誌の編集長も兼任することとなった。雑誌作りのノウハウなどまるで知らない（無謀にもほどがある）状態だったが、新媒体を始めるにあたって、どうしても実現したい連載企画がいくつかあった。キリスト教の信者ではないものの、さまざまな形で教会や聖書と接点のある著名人に客観的な立場から提言をもらうというインタビューも、その一つ。題して「ハタから見たキリスト教」。その時点で、すでに話を聞きたいと思う面々の顔ぶれが複数人、頭に浮かんでいた。

これまでのような宗教色の濃い、どこか辛気臭くてあか抜けない媒体ではなく、ビジュアルを重視し、「電車の中でも読めるキリスト教雑誌」を目指していたこともあり、表紙やグラビアページに教会外の社会で活躍する著名人に登場していただくことは必須の条件でもあった。もともと内に「ひきこもり」がちなキリスト教界に外部からの風を吹き込み、あわよくば信者以外の読者を獲得したいという魂胆も背後にはあった。限られた数の業界誌で似たような書き手を使い回す風潮にも辟易していたので、これは絶対に読まれるはずという根拠のない自信があった。

以来、今日まで延べ20人以上の方々にご登場いただいた。牧師や神父をはじめ、家族や親族にクリスチャンがいる、キリスト教をモチーフにした作品を手掛けたことがある、それらに出演したことがある、聖書に興味関心があるなど、それぞれに何らかの接点を見つけては積極的に取材の依頼を持ち込んだ。作家、漫画家、評論家、医師、俳優、映画監督など、職業も多岐にわたった。なかでもクリエイティブな仕事に携わる方々に共通していたのは、かつて聖書を読んだことがあり、大なり小なり何らかの影響を受け、その教えにもシンパシーを感じている人が少なくないということだった。

連載にはさまざまな反響が寄せられた。「牧師や信者では言えないことをよくぞ言ってくれた」「次は○○さんにインタビューしてほしい」「第三者から一方的に言われるままではなく、『応答』も必要ではないか」などなど。いずれもありがたく受け止めている。

創刊当初、おぼろげに抱いていた手応えは「信じるつもりはないが知りたい」人々（信者を「ガチ勢」とするなら、いわば「にわかファン」）の存在を知るようになって、半ば確信に変わっていった。内輪の力だけでは変われない。「ハタから」の視点こそが必要だと。

教会は長く「伝えたいことを（一方的に）伝える」ことに専心し、それこそが伝道（布教）だと思い込んできた。しかし、それはただの広告・宣伝（プロパガンダ）であって、「聞きたいことに答える」という広報・ＰＲの基本的な役割は果たしていないことに気付かなければならない。他者からどう見られているか、何を期待され、何を期待されていないのか、まずはそうした客観的自己評価を試みるところから始める必要がある。そうでなければ、「信じるつもりはないが知りたい」という需要と、「信じるつもりのない人々には教えない」という教会側の狭隘な宣教観が交わることは永遠にない。

１９９５年の地下鉄サリン事件を発端とする一連のオウム事件からすでに20年余。当時を知らない「オウム以後」の世代が次第に増え、良くも悪くも宗教「的」なもののアレルギーは薄れている。さらに2011年の東日本大震災を経て、生と死に向き合う宗教界に注目と期待が寄せられた。本来ならば、今こそ私たちの出番のはずである。格差が広がり、政治や社会の脆弱性が露呈し、ますます混迷を極める国際情勢の中で、求められているのは「ハタから」の視点によってこそ拓かれる「宗教改革2・0」のムーブメントなのだ。

そしてもし、500年後の「改革」によって宗教者自ら変わることができれば、「日本SUGEEE（すげぇ）」「俺TUEEE（つぇぇ）」と自尊感情を鼓舞し、自国の安全と国益のみを「ファースト」にしたがる排他的独善主義と決別し、他者理解を深める糸口も見つかるはずだと確信する。

それは、私が暮らす日本社会からの発信でしかない。が、グローバル化が進む今、その「糸口」は広く必要とされるのではないかとの思いから、ここに一冊の本としてまとめた。

もくじ

13

内田樹×釈徹宗

p163

「宗教のメガネ」で世界を見れば

キリスト教は面白い／真ん中は空けておく　日本人の宗教観／弾圧の歴史と屈折した宗教性／特異点としての意義／暴走を抑えるリミッターとしての教養／マクロではなくミクロで見る／裾野の広がりと儀礼の重要性

編者解題

「宗教、応答せよ」松谷信司

p191

このごろ巷で流行る〝神〟
宗教界はいかに「応答」し得るのか
「安全」で「安心」なアブナくない宗教？
「ハタから」見える新たな地平

1 冷や水をぶっ掛ける役回り

奥田知志 × 上田紀行

東日本大震災直後、2冊の新刊が世に出た。『もう、ひとりにさせない』（いのちのことば社）と『慈悲の怒り――震災後を生きる心のマネジメント』（朝日新聞出版）。著者はそれぞれ、ホームレス支援を20年以上続ける傍ら被災地に入り、東日本と九州をつなぐために奔走し続ける奥田知志さん（日本バプテスト連盟東八幡キリスト教会牧師）と、文化人類学者で『がんばれ仏教！』（NHKブックス）以来、若手仏教者の育成にも尽力してきた上田紀行さん。震災後の混乱の只中で、「絆」の名のもとに同じ方向へ突き進もうとする風潮や、「癒し」がもてはやされる「こころの時代」の到来をいかに迎えるべきかについて語り合った。あれから7年。当時の課題は今なお問われ続けている。

奥田知志　おくだ・ともし

1963年滋賀生まれ。1982年～88年、大阪釜ヶ崎にて支援活動に参加し、日雇い労働者の現状を目の当たりにする。90年から日本バプテスト連盟東八幡キリスト教会牧師。同年、ホームレス支援組織北九州越冬実行委員会に参加し、2000年にNPO法人北九州ホームレス支援機構設立、理事長に就任。第34回毎日新聞社会福祉顕彰受賞個人受賞。07年から九州ホームレス支援団体連合会代表。ホームレス支援全国ネットワーク代表。共著に『「助けて」と言える国へ――人と社会をつなぐ』（集英社新書）など。

上田紀行　うえだ・のりゆき

1958年東京生まれ。1986年からスリランカで「悪魔払い」と仏教思想に基づく農村開発運動「サルボダヤ」を研究。帰国後、「癒し」の概念と思想を世界に先駆けて提唱した。2003年から、宗派を超えた若手僧侶の討論の場「ボーズ・ビー・アンビシャス!!」のアドバイザーを務めた。文化人類学者、医学博士。東京工業大学教授、リベラルアーツ研究教育院長。著書に『生きる意味』（岩波新書）、『ダライ・ラマとの対話』（講談社文庫）、『今、ここに生きる仏教』（平凡社）など。

聖書の言葉を使わずにキリスト教を語る

上田　奥田さんの名前を知ったのは、２０１１年2月ごろに始めたツイッターがきっかけなんです。震災後、奥田さんのツイートが時々リツイートされているのを目にして、この人は何者だと(笑)。１４０字の中で深さと燃えるような思いを表現する人、というのが第一印象で、その奥田さんと北九州のホームレス支援をされている方とが一致するまでに時間がかかった。『もう、ひとりにさせない』(いのちのことば社)を読んで最初に驚いたのは、聖書からの引用が多い。

奥田　一応牧師ですから(笑)。

上田　考えてみれば当たり前なんだけど、ツイッターでは聖書の言葉がほとんど引用されていませんよね。

奥田　しませんね。

上田　聖書がもろに出てきたら、僕も「護教的な奴だな」とか「布教やってんだな」と引いちゃうところだけど、それを使わずにキリスト教の本質を見事に説いている。奥田さんの本を読むと、ホームレス支援の中でも、ほとんどキリスト教の話はされていないように見えます。

奥田　してないですよ。後から振り返って聖書と対話しているだけで、ホームレスのおじさんたちに聖書を説いて回っているわけではないです。結果的に教会に来る人もいますし、それはそれでいいんですけど、活動とは別です。

上田　お坊さんにしても、仏教用語を使わないで深いことを言える方と、それを使わないと何も言えない方とに大別されるわけですよ。私が仏教界に対して持つ大きな不満は、初めから言葉が用意されていること。聞く前から説く内容が決まっていて、言葉は「こちら側」にあると思っているわけです。それは果たしてコミュニケーションと言えるのか。

秋葉原無差別殺傷事件（２００８年）の加藤智大容疑者が言っていたように、「俺は俺じゃなくていい」「単なる働き手の一人に過ぎない」という人に対して、お浄土がどうだとか、親鸞聖人はこう仰ったって説いても、いい話ではあるかもしれないけれども、その人が何に苦しんで、どこに不安を抱いているのか一切聞かないで、待ってましたとばかりに得々と法話をするというのは、大きな勘違いじゃないかと思うんです。だから２００４年に出した『がんばれ仏教！』（ＮＨＫ出版）では、今の仏教を「正しいけれども無意味」と書いた。

奥田 なるほど（笑）。

上田 そもそも話をしないと仏教じゃないのかと。仏さまっていうのは現実の中に垣間見えるものだと思うんだけれども、僧侶は言葉で説明しないと仏教にならないと思っている。でも、これからは「話す」ではなく「聞く」仏教、「関係性」の仏教にならなければいけないというのが僕の主張だったわけですが、これが意外と通じない。

この世の中で肩の力を抜いたら楽に生きられますよというのはわかるけど、目の前で人が殺されようが何だろうが、「そんなことで怒ったり悲しんだりするのは修行が足りませんなぁ」（笑）みたいなイメージが、宗教者とか「悟り」を重視する人にはありがちで。どんなに悟った人間でも、その段階に応じて知らないことにも出会って、苦しみ抜いて、悟ったはずなのに。

牧師さんとか教会の中にも、「こちら側」に言葉や真理があって、それを皆さんに広めましょうという意識はあるんですか。

奥田 あると思います。キリスト教では悟るとはいいませんが、教えようとしたり解決しようとしたりしてしまう……。「ゆがんだ責任感」のようなものがあって、悪気はないのでしょうが、神様ではないので、そもそも牧師が助けたりすることできません。牧師はただの人間です。

出会うことは変わること
光は暗闇の中で――

奥田　助けるはともかく、支援することはあります。そのとき何が起こるか。それはエネルギーの移動だと思います。自分の中から力が出ていく、自分の分が減るということが起こります。でも、僕らはそれを避けてしまっているんじゃないか。自分のコップからあふれた分はあげられるが、コップの中身が減ることは許せない。そういう認識が今日のキリスト教会の中にあると思います。コップの中身が減ることは許せない。そうなるとなるべく深入りしない、自分自身を減らさないまま、定型的な答えで済ませてしまう。それは傷つかないための姿勢です。

出会うと変えられるし、減りもする。僕もできていませんが、宗教者はその変化を楽しんでいいと思います。変わることや減ることを恐れない。自分が変えられるのは面白いんじゃないですかね。

上田　お坊さんは自分の転機を自慢げに話したりするんだけど、実際は何も変わっていない。宗教者は変わることをあまり望んでいないというか、「1回休み」とか、他の道に行っちゃうことを恐れていますよね。へたに牧師や住職といった「上がり」がある分、臆病になっているというか。

奥田　キリスト教は、コンバージョン（回心・転換）が売りのはず。でも、実際はあまり変わらない。神のことがわかったから誰かに伝えるというのではなく、常に探している求道者です。そもそも「隠れたる神」ですから。私が牧師になったのは何かを悟ったわけではなく、探す人生を選んだだけ。

上田　ＮＨＫの「プロフェッショナル」（奥田さんのホームレス支援活動を取材した番組）を見ただけで

1　冷や水をぶっ掛ける役回り

は、たいへん信仰が篤く、正義感の強い宗教者の鑑みたいに見えなくもなかったんだけど（笑）、著書に書かれているとおり、毎晩帰る家と暖かいベッドがあって、こうしてビールも飲んでるわけで……。

奥田　そうそう。しょせんそんなもんです。家族に言わせたら、「テレビのこれ誰？」って話になる（笑）。土曜日は説教準備でノイローゼみたいになっている。子どもにも「あっち行け！」って。牧師も普通の人間で、でも宗教性というのは、そういう度し難い連中がどう生きるのかという話だったわけで、まさにキリスト教で言うと「義人のためではなく罪人のために来たのだ」とは私のことです。

人生から苦難がなくなることはない。でも、信仰が苦難の除去を目的とするとき、苦難だらけの人生の現実を受容できなくなる。総体としての人生がとらえられなくなる。苦しんでいる自分はウソだ、こんな人生はホントじゃない。本来の私は別にいるなどと考える。それを手助けしてしまう宗教になってはならない。

靖国神社がその典型です。政教分離違反も問題ですが、何より苦難や罪を受容できない。人間を英雄化することでしか受容できないのが靖国です。罪責を不問にするのが悪しき宗教の限界性です。栄光に身を置いたほうが気持ちがいいと思える。しかし、それではもう私ではなくなってしまう。闇の中で悶々としている自分は捨象《しゃしょう》されるわけです。

ヨハネによる福音書は「光は暗闇の中で輝いている」（1章5節）と告げます。「暗闇が終わって光が来た」ではないですね。闇と光は混在している。闇のただ中で、しかし光はあるということが言いたいわけ。その辺の理解がおかしなことになっているんじゃないでしょうか。陳腐なご利益宗教に走って、結果的に人間を分化してしまう教会になってないか。

病気が治らないのは修行が足りないからだと説く宗教がありますが、信仰が足りないから、などという教会がないか心配です。そういうことが、東大日本大震災の状況でまさに問われたんじゃないですか。

傷つかない「絆」と「病まない」病

奥田　傷つかないような絆は怪しい。２０１０年から続く「タイガーマスク」現象を見て思うのは、そのことです。匿名性の保持自体は倫理的課題です。しかし、一方であれは直接出会うことを回避するための匿名だったんじゃないかとも感じていました。目の前でランドセルを蹴飛ばされるようなことは、支援の現場ではよくあります。「かわいそうな子どもたちと善意の第三者」というステレオタイプは現場では通用しません。人間のぶつかり合いが起こり善意が通じない。しかし、出会いも支援もそこから始まる。傷つくことを回避しては絆を結べない。絆は傷を含むんです。

しかし、傷つかないために出会いを回避するための理屈として「自己責任論」が跋扈《ばっこ》するようになりました。「君自身の責任だ」と周囲が言い切ったわけです。それは周囲のリスク回避の方便でした。人はひとりでは生きていけません。だから傷ついても死なないような、健全に傷つくためのシステムとしての社会を再構築しなければならないと思います。

絆を結ぶと傷が癒されますよとか、痛みが取れますよとか、確かにそういう面もあるけど、絆を結ぶと傷つきますよ、うっとうしいし、自分のペースも乱されますよと、正直に教会が言う。でもそれが恵みだと。そういうものが捨象された麗しい幻想の絆が、いま日本中で言われているような感じがするんです。

また、本当の絆は人が独りで立つことを担保するものだと思います。ベタベタするだけが絆じゃない。絆に身を置いているからこそ独りになれる。独りになれない人が絆に入ると依存的になる。絆の中に身を置いていない人が独りになると独善的になるか孤立の中で死んでしまう。本来、人が独りで生きるということと絆の中で生きるというのは両義的なものだと思っています。それらを通り越して、「日本は一つだ」とか「がんばろう」と言うのは危ないと思います。

上田　僕が震災直後に『慈悲の怒り』（朝日新聞出版）を緊急出版しなければいけないと思ったのも、あの「がんばろう」攻勢ですよ。何をがんばるんだ、がんばったらうまくいくのかと。ただ思考停止させる心地の良い言葉となって、結局不安に向き合わない。いま何が問題なのかということを隠蔽する言葉でしかない。

そういう歪んだ絆のあり方が、原発を生み出したわけじゃないですか。この絆を失ったら生きていけないという恫喝のような絆。場合によっては、そういう絆から逃げなきゃいけないときもある。子どもたちは早く避難させなきゃいけないというときに、「福島でがんばろう」になってしまった。学校の先生が、弁当を持参した子どもに「みんな同じ給食を食べるべきだ」とか言っちゃう。

でも、そこで本当に絆の質を問わなければいけない宗教者が絆と聞くと、「ようやく心の時代が来た」とか言って喜んじゃうんですよ。

奥田　今回の震災ではかなり情報が抑えられて、健全な怒りも、健全な形での失望感さえない。へたすると不安さえも軽減されている。これは危ないと思いますね。

上田　放射線に関する発表にしても、パニックを避けるために、予測を軽々しく発表することは控えたと言われていますが、実際には正しい数値が出ていたわけで、完全に犯罪的と言ってもいいレベル。

不安の輪が起こってくれれば、それを軽減させたほうがいいと自然に考えてしまうわけですが、不安になってそこからどういう行動をするかというところが勝負なわけで、不安にすることを恐れて現実を捻じ曲げていくという構造自体が大きな問題をもたらしている。

宗教は人間の不安を軽減する装置であると、非常に浅い理解で思われているんだけど、まずは不安の極限に直面させて、その淵まで引きずりこむという恐ろしいもののはずです。僕が90年代に提唱した「癒し」というのは、病気にならないでニコニコしていましょうというんじゃなくて、まずは徹底的に病むところから始まる。病むというプロセス自身が癒しになる。結局、癒しが起動しないようにごまかしているので、みんな病まない。

奥田 まさに、病まないという病ですね。

上田 やはり宗教者の側からも、そういう誤解を解かなきゃいけないはずなんだけど、何となく現代社会における有用性とか、大学の先生みたいに「社会のお役に立ってますよ」ということを言わなきゃいけない。世間から「そんな無駄なことを」と言われるんじゃないかという恐れが強すぎて、実用的なことを言い過ぎてますよね。

奥田さんの活動にしても、ハタからは、ホームレスの人がたくさん助けられて、とても実用的で、こういう宗教者が増えればいいのにと、非常に浅いレベルでは見られている。でも、それだけならなぜ宗教者がやっているのかがわからないわけで。

歪んだ愛の形「あなた方はオーナーではない」

奥田 神学部の学生に「いい牧師ってどんな牧師だと思う?」と尋ねると、聖書解釈がどうとか、傾聴の技術を持っているとか……。それは自分たちが通っている教会の牧師のイメージだと思いますが、全部人を愛する技術です。一見いいんだけれど、それでいいのか。他人の話は一所懸命聞くが、自分のことは言わない。「しんどい」とか「苦しい」とか言わない。弱音を吐いたら牧師失格と思っているんじゃないか。でも、愛する技術しか持っていない人間は傲慢で歪んでいる。

数年前、不登校になった息子のことで、まったく見ず知らずの鳩間島（八重山諸島）のある方に「助けてください」と言って助けてもらったことがありました。そのとき、自分がいかに歪んでいたか、「助ける人」に偏っていたかに気づかされ解放されたように思いました。「牧師の子どもが……」。そんな意識が、自分にも周囲にもありました。「ホームレスのことで忙しかったからねぇ」と慰められるんですが、それがグッサリ刺さるわけ（笑）。まるで家族のことは全然見てなかったんでしょ、と言われているように僕には聞こえる。息子を助けてもらってありがたかった。牧師が助けるばっかりをやっている限りはダメ。

10年ぐらい前、ホームレス支援をめぐって教会の役員会の一部と議論になりました。「ホームレス支援は、自分たちが牧師に委託した本来の仕事ではない」「『あの人たち』は聖書を学ぶためでなく、お昼ご飯を食べに来てるんじゃないですか」と言われ、衝撃を受けました。「皆さんは牧師のオーナーではありません。僕は教会員に雇われているとは思っていません。神様のご用をしていると思っています。皆さんの献金は神様に捧げられたのではありませんか。僕は神様から『せえ』と言われたことを聖書を読んでやっていると思っています。教会は宗教法人です。確かに牧師職は教会からの委託に拠ります。ご不満があれば解任してくださって結構ですが、いずれにせよ教会員も牧師も神からの使命は何かを問い、それに日々応えるんじゃないでしょうか」と。そんなこともあって、残念ですが教会を離れる人もいました。

一方で、本当に自分が聖書に依拠できているか問われます。自分のエゴで言っているのか、聖書を信じて言っているのか。それを悩まず、教会員のご機嫌をうかがい、「御用聞き」で終わっていいのか。信徒は「愛されるため」に教会に来る。「愛」が少々欠け始めると、「ホームレスは大事にするのに、私のことは大事にしてくれない」とつまずく。

でも、イエスに従うというのは、神の愛に応えて生きるということです。自分を救うためにキリスト者になるんだったら、ならんでいい。なぜなら十字架においてすでに救われているんだから。キリスト教信仰の本質は救済だけど、同時に応答的倫理の宗教でもあるんです。

韓国で「君は愛されるために生まれた」という歌がはやりました。日本でも教会の中高生が歌っていた。「君は愛されるために生まれた」。確かにそのとおり。でも、何のために愛されるのか、誰かを愛するために愛されるに決まってる。そこに行かない愛は不健全だと思います。教会学校の子どもたちと2番を勝手に作りました。「君は愛するために生まれた」って。

自戒を込めていいますが、教会をおかしくしたのは、私を含め牧師たちです。牧師が「愛されなさい、あなたはそのままでいい」と言い続けた。それこそが牧師の務めだと。でもね、嫌われても「あかんことはあかん」「愛された人は愛する」「助けて」と言わないと。それで教会を離れられたなら仕方がない。

上田　やっぱり日本社会のまずいところは、愛されたい人ばっかりなんですよ。これが一つのマーケットだとすると、「愛がほしい、愛がほしい」と鯉が口を空けているようなもんで、だけど愛が投入されないので、逆に愛するという市場が発達する。

自分の愛するものに関しての責任、未来を作り出していくという責任をこそ問われなければいけないところを、矮小な自己責任論で、人生では愛され、評価されることがいちばん幸せだと。牧師がそれを助長しているってことですよね。牧師が自分の弱いところを持っていて「愛してほしい」と言い出さないで、一方的に供給しているから、みんなが気づかない。

奥田　牧師も人間なんだからつぶれます。その姿を見せたほうがいい。そうしたら信徒の側も、「愛さないかん」となる。牧師という愛の蛇口から一方的にとめどなく水が注がれる、そんな幻想をお互いが持っている。それは、牧師という権威に対する歪んだパワハラ的幻想かもしれません。

牧師が弱さに正直になるということは、本来キリスト教が目指してきたことだと思う。そうでないと信徒も、結果的には栄養過多になって、脆弱な人間性しか持てなくなる。近視眼的に見たらべったり愛してあげるほうが喜ばれるけど、長い目、つまり未来への責任で考えたら大問題。嫌われたとしても牧師が信徒に「神の前にひとりで立て」と言い続けることが必要。それを今やらないと。

宗教者が担うべき未来への課題

奥田　たとえば、この世の価値観に飲み込まれて、「あそこの息子さんは東大に入られました」みたいなことを喜ぶような教会でいいのかと。そうじゃなくて、今はその体系自体が崩れてきているし、かつての枠組みに戻るということは現実的にできない。その中でなお、人間が幸福になるというのはどういうことかと。それをいちばん真剣に考えられるのは、宗教なんじゃないか。

上田　宗教者は、神様仏様がついているからこそ、ちゃんと嫌がらせを言わなきゃいけないと思うんですよ。「あなたの幸せや絆は本物ですか」と。それは冷や水ぶっ掛けるみたいな、相当嫌な役回りですよ。それで信者さんが減って、献金が減ったら経営できなくなっちゃうけど(笑)、みんなの心を単に安定させて気持ちよくさせるのが責務じゃないということを、宗教界全体が言わなきゃダメだと思います。
若者たちは、何か自分たちが社会に貢献したいという思いがあるんです。日本では、「自分の力で社会は変わると思う」という答えが24％しかないという寂しい調査がありましたが、教会や寺に来たら自分が何かお恵みを受けられるというよりも、自分が何か貢献できるとか、自分も何か未来を変えていけるというビジョンを持てることのほうが重要です。
日本仏教のいちばんの問題は、未来が視野に入っていないこと。過去のご恩には感謝するけど、現世において高望みをせずに、文句を言わず忍耐して「ありがたい、ありがたい」と言っていればいいと、未来への要求水準を落とすことで現世に満足させるという戦略をとりがち。だから住職たちも、自分たちの代まで寺が安泰であればそれでいいとなる。
その点、海外の仏教者は言うことが全然違うわけです。未来に良いものを手渡していくことが当然の責務であって、新たな縁起を作り出していくという側面が強調される。
奥田 聞くところによると日本のキリスト教も、原理主義から「リベラル」まで無数にあって、互いにやり合っているそうで……。宗教全体の浮沈がかかっているときに、同じ教派の中で除名だの何だのと言っているわけでしょ？
上田 そんなことやってる場合かと。仏教教団でも、天台、真言の人たちの中には曹洞宗、真宗、日蓮宗などを「鎌倉の新興宗教が」と言う人がいる。今さらそんなことに、いったい何の意味があるのか（笑）。しかし真宗でも「お東は」「お西は」とかばかり言ってる人たちもいる。
奥田 私の属している日本バプテスト連盟の中でも、ずっと上の世代で「自分たちはルターやカルヴァンと違う」ということを言う人がいますよ。
上田 だから、どれだけ宗教教団が社会の中で窮地に追い詰められているかという危機感がないんですね。

「しかし、私は」の転換
期待が裏切られたときこそ

上田　『慈悲の怒り』では、負けるとわかっていながら第二次世界大戦に突っ込んでいく構造と、原発が危険だとわかっていながら、一度空気が決まってしまうと皆何も言えなくなるという構図が同じだと力説しました。『ブッダの言葉』の中に「犀の角のように独り歩め」という有名な句がありますが、宗教者というのは本来怖いものなしのはずで、世間に左右されず、何でも自由に言えるはずです。でも、出家してるはずのお坊さんたちは異常に仲間内の評判とか、出世とかを気にしていて、むしろ日本社会の病理を体現している場合が多い。

仏教側から見るとキリスト教はむしろ、愛があって行動力があって……というイメージを持つ人が多いけど、牧師さんは不正とかに怒らないの?

奥田　イエスというのはある意味、正当に怒った人だと思うんですよ。特にマタイによる福音書なんかは、「しかし、私はあなたがたに言う」というイエスの決まり文句があって。でも、いまやキリスト教の中でも「しかし、私は」というフレーズが、なかなか言えない状況にある。そういう意味では、ミニ仏教化してきているという面はあるんじゃないでしょうか。

たとえば、ホームレス支援などはキリスト教全体から見ると、本来のキリスト教とは関係のない社会的な運動をやっているという話になるんだけど。

上田　仏教でも同じですね。「あなた、教義から離れたところで社会福祉のことをやっているんですか」みたいな言い方をされる。

奥田　しかし、もともとキリスト教というのは、今まではこうだったけど「しかし、私は」というところから始まったわけで、宗教というのは、いい意味で自分の期待が裏切られ続けているという状態なんじゃないかと思うんです。

信仰には二つの側面があって、一つは「あなたはそのままでいい」という完全なる受容の面と、もう一方で「お前はそのままでいいのか」という問いの面。しかし、後者が教会の中から抜け落ちていく。十字架がなくて即復活、命、栄光。苦難をなかったかのようにすることが宗教の役割だと言ってしまったら、それは宗教でもキリスト教でもない。ちゃんと裁くことがないまま、一気に「赦し」に行ってしまう。

今回の震災状況も、いつの日か新しい命へ向かうという希望を持ちつつも、いま大事なのは、まさに上田さんが『慈悲の怒り』で指摘されているように、どこまで被災地の痛みを共に苦しみ、わからないというところに一緒に立つかということ。さらに正当なる怒り。そこが抜け落ちると、新しいところには行けないんじゃないか。

「東へ」ではなく「東から」
宗教界にとってラストチャンス

奥田　何度か被災地と行き来をする中で、「九州から東北へ希望を届けよう」というフレーズに違和感を抱くようになりました。希望は九州か霞が関にあって、それを「東へ」届けようと。確かに支援は必要ですが、むしろ方向が逆。

「東から」じゃないかと。

キリスト教の「悔い改め」というのはもともと「メタノイア」ですから、方向を変えるという意味。元気な人が希望を届けるんじゃなくて、本当の再出発は「東へ」ではなく「東から」見出されるんじゃないか。つまり、復興における悔い改めをしないとまずいんじゃないかと。『もう、ひとりにさせない』は、ほぼ「盗作」みたいなものなんです。というのは、路上で出会ったおじさんたちの言葉を組み合わせた、原点にあるのは彼らの声を「聞いた」ということ。希望は絶望の路上にあった。

いま、宗教者の多くが苦しんでいると思うんですよ。何のための神様かと。この期待が裏切られたところから、果たして教会は新しくなれるか。それこそ、出来合いのパラダイスがあって、「あなたもこっちに来たらこんなに幸せになれますよ」という福音提供はもう通用しない。そこで初めて、真剣に聖書を読み始めるんじゃないかなという期待はありますね。ここでなお旧態依然として話していたらキリスト教に明日はないんじゃないですか。

上田 それはそのまま、仏教や他の宗教にも言えますね。どこも明日はないはずなんだけど、明日はあると思っている人たちが相当いて(笑)。宗教ってこういうときにこそ何かをしなきゃいけないのに、それに背を向けた姿を見せてしまえば、「そんなものか」と見放される。みんな宗教教団は嫌いだけど、宗教性や「絆」といったものはすごく求めている。

仏教界でも、これがラストチャンスで、いま何もしなければ完全に見放されると言っている人たちが動いています。若いお坊さんを被災地に送れば、彼らの教育にもなるし、そこで立ち尽くすだけでもいい。そんなところで、出来合いの法話がいかに無力かということがわかるだけでも価値がある。何かを話すことよりも、まずは言葉を失うことのほうが大事だと思います。

2 宗教は美しくて楽しいもの

加賀乙彦

地震と津波、福島原発の事故で、人間は「死」の問題に直面せざるを得なくなった。精神科医で作家の加賀乙彦さんは震災翌年の1月に、『科学と宗教と死』(集英社新書)を出版した。戦時中、多くの「死」を目の当たりにし、戦後も死刑囚と接する中で「死」と向き合ってきた加賀さんは、カトリック信者の立場から、宗教には「科学を支える叡智がある」と説く。

加賀乙彦　かが・おとひこ
1929年、東京生まれ。東京大学医学部卒。東京拘置所に医務技官として務めた後、フランスに留学。帰国後、東京医科歯科大学助教授、上智大学教授を歴任。『宣告』（新潮文庫）、『ある死刑囚との対話』（弘文堂）、『聖書の大地』（日本放送出版協会）、『不幸な国の幸福論』（集英社新書）など著書多数。

キリスト教を楽しんだ2年半のフランス留学

――カトリックの信仰を持つようになった経緯を教えてください。

僕は28歳から30歳まで、医学の勉強のためフランスに留学していました。パリにはたくさんカテドラルや小さな教会堂があって、たまたまパイプオルガンが鳴っていれば中に入って聴き、神父がミサをやっていれば拝見してなるほどな、と。パリのノートルダム大聖堂とシャルトルのカテドラルは日曜日によく行きました。きれいなんですね。１００人、２００人という子どもたちが真っ白な衣服を着て聖歌を歌う。特にシャルトルのステンドグラスは真っ青で、「シャルトルの青」と言われていますが、朝の光を浴びると非常に美しい。ルーヴル美術館に行ってみますと、ルネサンス以前の中世の絵画はすべてキリスト教の絵画です。殉教もありますし、聖書物語もあります。パリに行って最初にやったのは、聖書を読むこと。だって、何を描いているのかわからないと面白くないでしょ。ちょうどロマネスク彫刻の展覧会をやっていて、かわいらしい彫刻がいっぱい飾られていた。僕はパリ中のゴシックの教会を歩きながら、同時にロマネスク教会を見に行きました。

ロマネスク教会の柱頭彫刻は本当に愛らしい。そして聖書をよく読んでいる人だったら、どのシーンだとわかる。たとえば、木に髪の毛でぶら下がっているのはアブサロムでしょう。人間がつり下がっているようなかわいい彫刻になっていて。その写真をいくつも撮ってきたけど、そういう具体的な存在物を通して僕はキリスト教を少しずつ知るようになったんです。

2年半くらいフランスに留学していましたが、何をやっていたかというと、キリスト教を楽しんでいた、という感じでしたね。日本の仏画とは全然違う何かを表現しているということがわかったので、興味を持った。ただ、日本の仏教や神道だってなかなかたいしたものなので、キリスト者になるというところまでは決心しなかった。

でも日本に帰ってきて、今度は聖書を何度も読み直してみますと、すばらしい本だということがよくわかる。特に旧約の中にあるいろいろな話が非常に文学的に優れているし、もちろん信仰が支柱にはなっているんだけど、小説としても面白いし、何度も読んでいるうちに、キリスト教にずいぶん惹かれていきました。

——仏教や神道にも関心を？

僕は宮沢賢治が好きなものですから、彼がなぜ法華経に夢中になったかに関心があって、読んでみてびっくりしましたね。あんなにすばらしい宗教書が日本にあるんだなと。彼の童話を読んでいると、法華経との関連がものすごく強いですね。『グスコーブドリの伝記』は、自分の命をもって人を救うという話で、これも法華経の中にあるんですよ。その辺はキリスト教に近い。それで、両方の宗教に関心を持ったんですね。

それから日本神話、特に神道のもとになった神話にも関心があります。僕は橿原神宮とか伊勢神宮とかに行きましたが、建物が簡素で美しい。五十鈴川なんて実に清浄な感じがする。それも好きなんです。仏教も神道もキリスト教も、この三つの宗教は僕の心の中に何か染み渡るようなものを持っていました。

神父と連日問答したら だいたい疑問が解けた

気持ちがだんだんキリスト教に傾いていったのは、やはり39歳のときに上智大学文学部の教授に就いてからです。49歳までの10年間、上智大学で教える間に、多くの神父と友だちになりました。

宗教の話をするのは数人でしたけど、昼食のときとか教授会とかで、そういう話をする。中には昼飯に必ずワインを飲む神父もいて、真っ赤になっていた。「どうするんですか先生」と聞いたら、「僕は人見知りをするので、酔っ払っていないと授業ができないんだ」と言う(笑)。いろいろ面白かったですな。

イタリアに行くようになったのは、上智大学へ行ってからで、特にベネチアから北の方の聖堂をずいぶん見ました。僕の知識は文学だけじゃなくて、音楽とか建築とか街とか、そういうものから教えてもらいました。

音楽では、バッハ、ベートーヴェン、モーツァルトなど、宗教的な音楽が大好きです。中でも最高の音楽は、バッハの「マタイ受難曲」だと思うんです。憂鬱になって死にたくなるときってあるでしょ? そのとき「マタイ受難曲」を聴くと元気になる。あれは不思議ですね。そういう中で、僕とキリスト教との関係はだんだん深くなっていって、ついに洗礼を受けることに決まるんです。

――58歳のときですね。

洗礼を受けるっていっても、普通は1年か2年、勉強しなくちゃいけないんですが、僕は聖書をよく読んでいたので、門脇佳吉神父に言ったら、「あなたは4日くらい質問して、その質問が解けたら洗礼を授けるかどうか考えます」と。そして2人で手帳を見たら、2人とも手帳が真っ黒でね。忙しい。それで「じゃあ4日間あなたも空けなさい。僕も4日間空けるから4日間やろう」と。

3日目の昼頃までに、だいたいすべての疑問が解けたんですね。それはもう神父も必死だったし、僕も必死だった。女房も一緒にいて、一生懸命質問をしていました。僕も幼稚な質問をずいぶんしたんですね。「天使っていうのは本当にいるのか。天使が腕の他に翼をつけてるっていうのはおかしいじゃないか。解剖学的にあり得ない」って(笑)。そうしたら神父は、「そうだけど、人間の解剖学を知らない画家が最初に描いて、そのためにああいう形ができちゃったんだろう」と。今の画家だったらちょっと恥ずかしくて描けないです。
それから「悪魔の耳はなぜとんがっているか」とかね。「悪魔っていうのは普通の格好をしているんじゃないですか」と神父が言うんですね。「たとえば僕のように」って。「だって神父さんは悪魔じゃないでしょ」「いや、時々悪魔になることがあるな」なんて言って、親切だったが本当に正直な人で（笑）。

死刑囚との出会い
加賀文学の原点

――実際に拘置所や刑務所を訪問して犯罪者の心理を研究されていますね。

東京拘置所に25歳から28歳まで勤めていたので、特に死刑囚、無期囚になるような重罪犯の人たちを中心に診療していました。僕はむしろ積極的に彼らと話をしたくて、矯正局長の許可を受けた。「死刑囚の中には拘禁ノイローゼの人が非常に多くて看守さんたちが困っている。看守さんたちを助けるためにはまず、どんな病気があって、どういう理由でノイローゼになるのか調べる必要がある」と。

そうしたらすぐ許可が下りて、日本中の拘置所に行ってたくさんの死刑囚を診ました。全部で被告を入れると100人くらい診ているんですね。これが20代のときに夢中になった仕事です。フランスに行ってからもフレーヌという大きな刑務所に行って、拘禁反応を起こした人たちの診察や治療もした。

帰ってきたら日本は1960年の安保反対で、大変な騒ぎになっていましたね。それから学園紛争になって滅茶苦茶になっちゃうでしょ。そういうときに僕は正田昭という死刑囚と文通するようになった（元証券会社社員の正田昭は、1953年に東京・新橋で起きた「バー・メッカ殺人事件」の犯人として逮捕され、63年に死刑が確定した。金融業兼証券外務員の男性が殺され、現金41万円が奪われた事件。正田は獄中でカトリックに入信し、69年に死刑が執行された)。

──正田昭さんは加賀先生にとってどのような存在ですか?

ものすごく勉強家でカトリックの教義に詳しかったし、聖書の意味なんかを自分に説いてくれたし、そういう形でずいぶん教わったんです。彼が40歳にして死刑執行される。あんなに悲しかったことはなかったな。先生が殺されてしまったような感じ。どうしてこんなもったいないことをするのかなあと思っていました。

その正田昭と文通している女の人がいて、この文通が人間の心理の深いところ、信仰の深いところまでいっているんですよね。それから、正田昭の母親から彼の獄中記を全部もらって読みました。

彼はこう書いています。「僕はカンドウ神父(フランス出身のカトリック司祭、ソーヴール・カンドウ)様に惹かれてからカンドウ神父様の後を追ってぜひ天国に行きたいと思ったけれども、そんな僕みたいな悪人が天国に行けるはずもないし、そうするとカンドウ神父様と一緒になるという希望もない」という悩みですね。その中で時々「信仰を失ってしまったのではないか」というようなことも書いてある。

三つの違った顔──僕に対する神父的な顔、女の人に対するもっと開いた感じの顔、もう一つは人には言えない自分自身の顔ですね。まさかそれを誰かが読むということは考えずに書いたもの。そういうものを読むと、人間というのは実に複雑で一筋縄ではいかないものだと。そこから僕の文学は始まったんです。

携行して読み続ける大事な2冊の聖書

正田昭は複雑で、そして40歳で死んだけど、ああいうところにキリスト教の奥深さっていうものがあるんじゃないか。また正田のおかげで聖書を読み直す。そのとき、いちばん僕が何度も読み直したのが、フランス語の聖書です。いろんな書き込みがしてあります。これが僕にとっていちばん大事な本なんですよ。外国に旅行するときはこれを持っていって、ずっと飛行機の中で読む。中国旅行のときこれを読んだら、中国人が不思議そうな顔で見ていた(笑)。

もう一つ大事なのは、正田昭の聖書。正田昭が僕に遺してくれたのかもしれないね。(聖書の書き込みを指して)これは全部、彼が書き込んだもの。彼は実によく読んでいますね。これはプロテスタントの文語訳です。

僕の場合、日本語の聖書だったら文語訳が大好き。新共同訳はいけませんね。「門をたたきなさい。そうすれば、開かれる」と言うより、「門を叩け、さらば開かれん」と言ったほうがよっぽどいいじゃないですか。「健やかなる者は医者を要せず」というのもいいね。「医者を必要とするのは、丈夫な人ではなく」では、なんとつまらない文章だろう(笑)。

――文学作品を読むにあたって聖書は手放せませんね。

ドストエフスキーは結局4年間牢獄にいて、その間読めるものは聖書しかなかった。だから聖書は隅から隅まで読んだ。ドストエフスキー博物館に行くとその聖書があって、真っ黒ですね、手あかで。何かで困ってどうしようというときは閉めてバッと開いてそこを読む。そうするとひらめくんだって(笑)。「ドストエフスキーの賭け」って言うんです。それを僕も真似しているんだけど、どうも僕が引くと変なところが出てきちゃって……。ユダなんかが出てきて、こんなつもりじゃなかったのに、と(笑)。

カトリックとプロテスタント教会一致の時代に望むこと

——洗礼を受けて変化したことはありましたか？

面白いことに、キリスト教に帰依して洗礼を受けてから、なぜか仏教の本をよく読むようになった。神に見られているという感覚が生じたのは洗礼を受けてから。神はすべてご存じだと。何か悪いことをしているときは見られている。夜なんかは夢を見ると毛布の中に潜って、「見ないでください」って(笑)。でも「ちゃんと寝る前のお祈りはしているんだから赦してください」なんて言うことがあるんですけれども。

宗教というのは楽しい。宗教が抹香臭いっていう感じになったことはないです。本当に。宗教っていうのは、美しくて楽しいものですね。教会に行くっていうのは、あんなに楽しいことはないな。そこに神の視線が集中的に集まっているっていうかな、そういう感じがして。そうするとお祈りが効くかもしれないっていう。何か困ったときは教会に行ってお祈りします。

教会はないと困るんですよ。皆が集まって、そこでお祈りができて。カトリックは「主の祈り」の後に、お互いに「主の平安」とあいさつをする。時々、「偶像があるじゃないか。マリアの偶像なんかけしからん」ってプロテスタントの人は言う。ところが偶像じゃなくて、あれはロマネスクの時代からずっとそういうものをたくさん使っているんですね。

——カトリックとプロテスタントの違いを意識しますか？

日本ではカトリックもプロテスタントも戦争協力していますから、だらしがなかったと思います。

どちらがいいとも言えない。ザビエルの時代のキリシタン迫害では、殉教した人たちが何万とおります。徳川家光のものすごい迫害の時代に、自分の信仰を守って死んでいった多くの人々の姿は尊いし、すばらしいと思いますね。それに比べると、太平洋戦争中のキリスト者は何をやっていたんだ、と思います。その辺のことを僕は正直に小説の中で書いています。

——具体的には？

上智大学の学長が靖国神社をお参りするんです。そうしないと、配属将校をまわしてくれない。配属将校を派遣してくれないということは、大学を卒業して兵隊に徴兵として取られますね。そのときに、配属将校の教練をやったということがあれば将校になれる。幹部候補生という制度があって試験を通れば少尉になれる。つまり、兵隊でいる必要がない。そこで皆さん嫌々ながらあの当時教練をやった。配属将校はだいたい大学だと大佐クラスの元連隊長とかね、そういう人たちが来て、その人たちに許可証を書いてもらわないとダメ。そこで、学長が靖国神社にお参りして、陸軍に頭を下げて、「どうかうちの卒業生も幹部候補生にしてください」と願った。

学生のためにやったという意味では志は許せますけれども、しかし、カトリックの人が靖国神社にお参りするっていうのはちょっと許せないな。そう書いたら、いやあのときはそういう事情だったんだと。あれは人のためにやったので、自分のためにやったんじゃないと言うんですけどね。

プロテスタントでは1941年に日本基督教団ができましたよね。国家が統一しちゃったんです。それを嫌だと言えない状況になった。もしあれがザビエル時代だったら、殉教してでも反対闘争するでしょう。そういうことを20世紀のキリスト者は全然しませんでしたから。それは間違っていると思います。そう書きました。教会では兵隊に送る慰問袋を作っているわけです。そして献金は全部、国家に献金して、戦車のキャタピラの一つでも教会から出せたら、というのが誇りになっていた。

いちばん平和を重んじるべきキリスト者が、戦争中戦争協力をいのいちばんにしたということ、そしてキリストよりも天皇陛下のほうが偉いんだと、お祈りのときも言っているのはいかがなものでしょうね。間違いだと思います。ですから、今宗教が日本を救えるかというときに、それをはっきりさせないといけませんね。

——宗教間の対話が進む一方で、教派間の意見の不一致や対立も見られます。

エキュメニカル（教派を超えて一致することを目指す流れ）ということは簡単なことですよ。エルサレムに行くとエキュメニカルな宿屋があるんです。キリスト教なら誰でも泊まれる。こっちではおミサやって、こっちではお祈りをやっていて、朝食の食べ方まで違う。ただ合同でやらずに宗派別にやっている。いちばん悲しんでいるのはキリストでしょう。世界の人の平和を願って亡くなられたけど、それが実現していない。むしろ分かれている。残念なことです。

——憲法の問題でも意見が分かれています。

私は変える方です。憲法20条（国及びその機関は、宗教教育その他いかなる宗教活動もしてはならない）は間違っていると思いますね。公立の学校で宗教を教えないというのは間違いだと思う。教えてはいけないことは世の中にないです。キリスト教について教えてはいけない。これはないなあ。憲法の中でいちばん嫌いなところです。

だから日本人は宗教について無関心な人が多い。元旦だけお参りして、あとは忘れてしまうわけですよね。つまり垂直の神様がいない。前にだけいる。それは間違っているんですよ。

——キリスト者に望むこととは？

プロテスタントの人はもっとキリシタン時代のことを勉強してほしい。ザビエルという人がどんな人だったか、イグナチオという人がどういう人だったか、かつてのキリスト者に対する迫害がどんなにすごかったかということは、もっと知っていていいと思う。小説『沈黙』に対する批判もすさまじかったけど、あれは遠藤周作さんの一つの考え方で、あのとき、踏み絵をしなければ多くの信者が殺された。そういう中において転《ころ》んでみせた。転んではいなかったんだけど転んでみせた。そして、その人たちが刑死するのを助けたわけです。そういうふうに、もっと豊かな人間性で考えてほしいですね。

第二バチカン公会議（1962〜1965年）があったとき、神父は結婚してよいという主張は日本も含め、アジア、南アフリカ、アメリカの神父たちもそう言いました。ヨーロッパの人たちが頑強に神父は独身でなくちゃいけないという主張をして、結局投票してわずかな差で結婚できなくなった。あれがもし通っていれば、もう少し神父になりたいという人が増えたと思いますね。今の若い人で結婚したくない人はいないでしょう。遅くなる人はいても結婚したいという気持ちは誰でもあるんじゃないかな。

プロテスタントの牧師は結婚していいんだから、どうしてカトリックは神父は男で、女はシスターにしかなれないのか。男女差別ですよね。そして神父のなり手がいないから、上智の神学部は受験生が少ない。

パウロは間違っても
イエスには間違いがない

もうちょっと平和に、そして共同して福音が述べ伝えられる必要がありますよね。とにかくイエスってすごい方なんで。僕は聖書を読んで点数を付けたことがあるんですよ。イエスが間違ったらマイナス1点する。ところが、ないんですねえ。間違ったことを言っていないんですよ。むしろパウロのほうが間違ったことを言っていますよ。女の人は男の人に従うべきだとか、女性は頭に物をかぶれとかね。変なことを決めちゃったでしょ。

イエスにはそういうことが全然ありません。病気の人も差別しない。どうもあの方だけは間違ったことを言っていないんですね。つまり人間が書いたものは間違いがあり、イエスはやっぱり人間じゃないんじゃないかと思いますね。他の哲学者は皆間違ったこと言っているわけで、マルクスでさえ滅茶苦茶に間違っちゃっている。

やっぱりイエスのもとにいることが僕にとってはとても幸福だし、イエスの言うことは全部信じるという気持ちにさせられる。だってイエスのお説教というのは子どもにするようなもので、噛んで含めるようにしてやってくださるわけでしょう。誰でもわかりますよね。難しいことは全然言わない。それだからキリスト教は実に確固としてあるわけです。

「Ｍｉｎｉｓｔｒｙ」２０１２年春・13号

3　そこで聞ける言葉に値打ちがあるか

池澤夏樹

２００９年に刊行された『ぼくたちが聖書について知りたかったこと』（小学館）は、その後のキリスト教書ブームの先駆けともなった。同書は、親戚にあたる故・秋吉輝雄さん（立教女学院短大教授、旧約聖書・古代イスラエル宗教史研究者）との対談本である。秋吉さんの没後には、故人の遺志を継ぎ、編者として秋吉訳『雅歌《がか》』（教文館）の出版に携わった池澤夏樹さん。自身の役割を、樽から「芳醇なるワインが流れ出るようにする」栓にたとえ、「豊富な知識が万民に行き渡る」ための聞き手だと表現している。長い欧州での生活で触れてきたキリスト教との邂逅《かいこう》と自身の「信仰」にまつわる貴重な証言に耳に傾けた。

池澤夏樹　いけざわ・なつき

1945年、北海道生まれ。詩人・小説家・翻訳家。88年『スティル・ライフ』で芥川賞を受賞、93年『マシアス・ギリの失脚』で谷崎潤一郎賞を受賞。2003年、著作活動全般について司馬遼太郎賞を受賞。主な著書に『ハワイイ紀行』（JTB出版文化賞）『花を運ぶ妹』（毎日出版文化賞）『すばらしい新世界』（芸術選奨文部科学大臣賞）『言葉の流星群』（宮沢賢治賞）『静かな大地』（親鸞賞）など。1974年のギリシャ移住をはじめ、沖縄やフランス・フォンテーヌブローに暮らした。豊富な欧州生活体験から、日常生活を通じてキリスト教文化を見つめつつ、世界的視野に基づく創作・評論活動を続ける。

「テント」の内側に踏み入るきっかけがない

――キリスト教との接点は？

もともと九州の北部、博多・長崎・佐世保の近辺に親族が多く、クリスチャンの雰囲気は強かったと思います。父方の祖母・とよはプール女学院を出て聖公会の伝道師になりました。結婚して父・武彦を産んだ後は、伝道活動をしていなかったと思いますが、いくつかの系統に分かれた親族の一つが秋吉家なんです。秋吉輝雄の父・利雄はとよの兄になります。輝雄の兄・光雄は、アメリカで働きながら伝道するワーキング・プリーチャーをしています。

ですから、キリスト教との縁は深い。今でも一族が年に1回集まるときは、お祈りもするし、賛美歌も歌う。僕は黙って、敬虔な顔をして待っている（笑）。ただ、輝雄自身も「自分は学者であって熱心な信徒ではない」といっていました。

――「信仰」に踏み出さない理由は？

10年以上前に、国際交流基金の仕事で東南アジアを回ったとき、フィリピンのセブ島にある高校で講演をしました。終わってから司祭である校長先生に、「なぜあなたはそれだけキリスト教に詳しいのに信仰がないのか」と聞かれた。

いわば自分は荒野の真ん中にいる。日差しは強く、暑い。周りにいくつもテントがある。一つひとつにカトリックとか、プロテスタントとか、イスラムと書いてある。中を見ると涼しくて、みんな安心した顔をして暮らしている。しかし、そこにツカツカと入っていくきっかけがつかめない。いわば神様は、まだ呼んでくださらない。だから待っているんです、という返事をしました。

祈るとはどういうことかが、まだ自分の心でわかっていない。高きにある特定の神格に向かって自分の願いを訴える、感謝を伝える、そこがよくわからない。かといって、仏さまにすがるわけでもない。しかし、宗教を信じて自分を律することができる良い心の状態は想像できます。一種の哲学的無神論です。

以前は祈ることを、神に向かって何か願うことと捉えていました。ところが、ケセン語訳で知られるカトリック信徒で医師の山浦玄嗣《はるつぐ》さんが「祈るというのは、自分が神の道具として何であるかを問うこと。それがわかったら、それに従って働くんだ」と。震災後にたくさんの患者を診ながら、同情や共感ではなく、被災者と一体化してあれだけの働きをして、ぶれることは一切ない。その信仰が、彼の義《ただ》しい生き方につながっていると感心します。

それを見ているからこそ、うかつには踏み込めない。何か契機があると思うんです。たとえば、評論家の加藤周一さんは亡くなる前に洗礼を受けられた。周りは驚いていましたが、本人は「母親も妹もクリスチャンだから、向こうに行ったときに寂しいでしょ」と(笑)。不純な動機ですが、それだって一つの契機です。

僕の父(作家・福永武彦)は信仰がなかったけれど、共に住んでいたら少年の僕に教会に行くなとはいわなかったと思います。それでいて、「若いときに信仰を捨てた」と書いている。キリスト教をよく知っているけれども、祈らない人でした。聖書には詳しいし、作品の中にも取り上げている。ところが死んだ後、プロテスタントの教会で受洗していたことがわかった。きっかけは俗なことで、夫人との仲を平穏に維持するために洗礼を受けて、熱心に通うようになった。彼はキリスト者として死にましたが、僕や友人には黙っていた。

文化的な関心でいえば、30歳でギリシャに行って2年半暮らしました。その間、ギリシャ正教会のミサをのぞきに行くわけです。音楽はきれいだし、司祭はカッコいいし、お香の匂いもいいし、イコンは美しい。

誰もいないときに双眼鏡を持って行って、床に寝ちゃうんです。そうやって丸天井に描かれた絵画を見ると、細部までわかって本当にきれい。ですから、信仰心なきままに教会や修道院をよく訪ね歩きました。どこへ旅行をしても修道院は見に行きましたね。今も使われているものも遺跡になったものも。ただ、それは文化的な興味であって、イスラム世界に行けばモスクに行ったでしょう。

――国内では？

今のところは廻っていません。ただ、二十六聖人から天草四郎、浦上四番崩れまで、日本の初期のクリスチャンには興味をそそられています。なぜ弾圧に対してあれほど強かったのか。いずれ現地を訪ねて文献を読んで、ちゃんと考えたいなと思っています。

知識以上の何かを求める不安な日本人

――『ぼくたちが聖書について～』も、当初は文化的な興味から？

なぜ人は信仰を持つのかという問いもある。それは必ずしも文化的興味ではなく、人の魂の問題。「輝雄さんにとって神様って何なの？」とは聞かなかった。でも、なぜ人がこれほど2000年もの間、惹かれてきたか。それを頼みとして生きながら堕落し、分派を作り、今に至ったか。それを促していたのは信仰でしょ。その心の中はどうなっているんだろうという興味はついて回ります。

それまで、僕は彼を生き字引のように使ってきたわけですよ。折に触れていろんなことを聞いていました。そのうちにふと気づいたんです。つまり、聞き手になればいいと。上手く聞けば答えはどんどん出てくる。彼は何せ怠け者でお酒好きでしたから（笑）。よくここまで聞き出して本が作れたと思います。

――そのような役割を、「酒樽の栓を開ける」とたとえておられました。

たとえばイタリア文学者の須賀敦子さんはカトリック信徒でしたが、僕ら友人の前ではそういう話をほとんどしませんでした。作品の中でも直接は書いていませんが、彼女の生涯を貫いているカトリック信仰は強いですよ。慈善活動のボランティアもされていました。

彼女もそうですが、ヨーロッパの知識人たちは、知識人であることを特権ではなく一つの使命だと考えている。ものを知っているから、それを率先して世に示さなければならないという思いが強かった。それが彼らを、安易に流されず強く生かしているという気がしますね。周囲には立派なキリスト者がたくさんいるんですよ。

――この本の後に橋爪大三郎さんと大澤真幸さんの『ふしぎなキリスト教』が出て売れました。

おもしろい本でした。みんな不安なんですよ。キリスト教に対してそれだけ知的興味があるというのは、何か知識以上のものを求めているんじゃないかと思いますね。シニカルな感じがする部分もあるし、入口になるかどうかわかりませんが、あれが『創価学会入門』だったらそんなに売れない。

やっぱり、明治以来ヨーロッパの文化を学んで身につけようとしてきて、行く先々でキリスト教というものに出会うわけですよ。良くも悪くもそれが律している。今であればマックス・ウェーバーに戻って、プロテスタントが資本主義を作ったと。それが今のアメリカをあんな風にしているといわれたら、そこがどうつながっているのかという関心は出てくるでしょう。

たとえば、ダン・ブラウンの『ダ・ヴィンチ・コード』で読みとれるのはアメリカ人の強烈なヨーロッパコンプレックスです。普通、あんなアメリカ人が来てもフランス人のきれいな女の子が手を貸すはずがない(笑)。堕落したヨーロッパと清いまま新大陸へ逃れたアメリカという構図でしょ? それが、あの国の中心にあるわけですから。

――他方、本家本元であるはずの業界の本が売れないというのは？

さっきの例でいうと教文館とか、キリスト教の出版社の本は、テントの内側に置いてあるんです。『ふしぎなキリスト教』は、テントのすぐ外に置いてある。その違いだと思いますね。何か、匂いが違うのかもしれない。信仰を持つ人への違和感でしょうかね。日本人は異物排除の意識が強いから。

翻訳とは本来の姿に戻そうとする行為

ただ、確かにキリスト教ってわかりにくい。十字架とよみがえりと三位一体と永遠の命。そういうことが捕まえにくい。だから山浦さんの訳はすごいと思うんですよ。自分なりに全部いい換えるでしょ。洗礼は「お水くぐり」だと。たぶんそれは言葉に対する姿勢として正しいと思います。「神への愛」っていうけど、人は神を愛することはできない。それは「称える」「崇める」「大事にする」というニュアンス。キリシタンは「ごたいせつ（御大切）」といいました。生活の場で使っている言葉に直して、本来の姿に戻そうとする行為です。

――秋吉さんの『雅歌』の翻訳にも通じます。

彼（秋吉輝雄）が新共同訳の下訳に携わったときも、方々から修正意見がついて彼の訳文がすっかり変わってしまった。だから、いずれ私訳を出したいと思っていたんでしょう。進めている途中で病気になって時間が足りなくなりかけたので、手を貸してくれと。「ヘブライ語も信仰もなくていいか？」って聞いたんですけど（笑）、日本語として整える作業だけを手伝ったんです。それを死ぬ間際までやったんですよ。

旧約聖書は信仰の書であると同時に、古代イスラエルの文学全集ですから、恋愛詩が入っていてもいい。「雅歌」については、僕も輝雄さんも俗の文学であるという認識ですが、これを聖典に入れるだけの度量がすごいねと話しながら訳しました。

――聖書の訳語については？

言葉は時代と共に変わりますから、翻訳というのは1世代に1回ぐらいやり直したほうがいいんですよ。一方で日本のインテリたちには、聖書を別扱いして、立派な文学として読もうという姿勢が以前からあって、なかには「文語訳のほうが良かった」という人もいる。ただ、日常生活の祈りの言葉なんだから、文語訳ではできない。もったいぶっていて立派に聞こえるけどよくわからない。ありがたいかもしれないけど、親しみがあるかというとそうではない。英語でも「欽定（キング・ジェームス）訳」から比べるとどんどん軟らかくなっているでしょ？

もう一つは、学問的な厳密さ。2006年に復元公開された『ユダの福音書』などによって、学説は変わっていくかもしれない。そういうことをすべて含めて、いくつもの条件を互いにすり合わせしながら作っていくものですよね。文体としての美しさももちろん必要です。それでも、どんな翻訳ができても、みんな何か不満をいうでしょうね。難しいと思います。

失われた共同体性と教会が語るべき言葉

プロテスタントに嫌みをいうわけではありませんが、一人ひとりに聖書を配ってしまったのはどうだったのか。ユダヤ教みたいにみんなで朗読するならいいんです。でも、1冊の本として個室に入ってしまったために、会衆の中の1人ではなく、神と1対1になってしまった。それによって普通の人が、哲学の課題を負わされてしまったんですよね。

もともとはもっとお任せだった。かつてはラテン語で、意味もわからなかった。そうした共同体的性格が崩れたことによって、人は個として立つことを求められてしまう。カトリックでは教会の権威があって、教会やキリスト、マリアや聖人など、仲立ちをたくさん介して、ようやく厳しい神とつながることができた。それがプロテスタントの場合はほとんどないので、大変だと思います。

――教会の共同体性が失われたと。

かつては教会に行くことが楽しみで、娯楽的な側面もあったと思います。それは今でもあるかもしれないけれど、ギリシャ正教会を見ていると出世する神父は、顔も、頭も、声もいいんです。お香もあるし音楽もきれい。ときにはお芝居（神秘劇）もする。単調な田舎の生活の中で、文化的なものをすべて供給していたんですね。

――日本では、戦後の教会がそれに近い存在でしたが、当時の入信者たちは皆高齢化しています。

今日の日本では、カルト的な怪しい擬似宗教が伸びていますよね。単純な心理学の応用で囲い込んで、おだてて、一段ずつ進級させながらお金を取るというような。それでも人は救われたと思うわけでしょ。

戦後日本でいえば、田舎の人間が都会に出てきたときに、多くのしがらみから解放されて、いきなりアパートの住人の一人になる。会社にも工場にもコミュニティ的なものがない。自由でいいけど、不安もある。そこを上手にすくい上げたのが、たとえば創価学会です。仲間意識を醸成して、みんなでお題目を唱えましょうと。つまり、都市化に沿って迷ってしまった羊たちを囲い込む仕掛けですよね。アメリカの大衆伝道者もややこれに近い。

ただ、ある面では良い導き手に出会えるかどうかだと思います。聖書は本でしかないし、キリストは遠いし、まず出会うのは牧師か神父、あるいは教会の会衆たちです。山浦さんの話を聞いていて、自分が信仰に入ろうとは思わなくても、この人柄には惹きつけられるだろうなとは思いますね。ただそれは「ハタから見た」勝手な願望であって、戦略的には何の意味もない。

世間はこれだけあざとくがさつになって、お金ばかりが蔓延して浅ましくなっていますから、どうすればいいかと聞かれても困ってしまいますが、立派な人格形成に寄与してくださいと(笑)。ただやはり教養ではなく、まして建物でもなく、人なんだろうという気はします。文学をやっている以上、そう考えざるを得ない。

——たとえば、どんなことがあれば毎週教会へ行きますか?

昨今ではまた人と人との距離が開いています。インターネットの普及で「半他人」のような仲が気楽だということになると、教会で生の人に接するのはうざったいようなところもあるかもしれない。大事なのは、そこで聞ける言葉に値打ちがあるかどうかです。聖書に則った言葉としての値打ちではなく、生身の言葉として、たとえば東日本大震災についてどう考えるのかと。困っている人たちに何ができますか、それは自己満足でないことは確かですかと。被災地に何度も通っていて大変な状況も知っていますが、ああいう場で役に立つ言葉が教会にはありますかと。それこそ、神はなぜ津波を遣わされたのか。そこで助かった人と助からなかった人の境は何か。僕はそう考えます。

放射能の問題も深刻です。岩手県の一関で薬草作りをビジネスにしようとした方が、「盛岡以北でないと買えません」と製薬会社に断られた。尖閣諸島なんてどうでもいいじゃないかと。福島の方がよほど広い土地でしょ?

三陸の被災地を舞台にした、船が主役の滑稽な小説を書きました。タイトルは『双頭の船』。出版社で帯を作るときに「方舟」という言葉を使っていいかと聞かれて、それは止めようと言いました。なぜならば、船に乗っている人たちは救われて、そうでない人たちは救われなかったことになる。あの震災で犠牲になった2万人の側にそんな理由はない。最終的に希望の地に着くという意味ではイメージに近いんですが、方舟と呼んだら亡くなった方たちをロトの妻にしてしまう。それは違う。あのときも「天罰だ」といって怒りを買った某知事がいましたね。天罰だったらなんでお前が死なないんだと。

そういうふうに、現実に対してキリスト教はどう答えるのか。アフガニスタンに派遣される米軍の従軍牧師は何をするんですか。兵士たちが牧師を必要としているからそのために行くと、そっち側だけを見ればよくわかります。しかし、状況は戦争でしょ。勝利を祈るんですか。敵兵の死を祈るんですかと、つい聞きたくなる。

聖書だけ見ていればそれでいいかもしれませんが、それは必ず社会につながってくる。今、この時代にここで生きているんだから。戦争をはじめ今の世の中にはさまざまな形で不幸がある。それらは天国に行くための試練といってしまって説明がつくんですかと。難病の人や幼くして死んでしまう子どもに対して。そういうぎりぎりの議論だと思うんですよ。

２０００年続いてきたからもう大丈夫なのではなくて、今から始めるわけでしょ。毎日曜のミサのたびに信仰はリセットされるわけでしょ。そういう強さが教会にあれば、毎週行くかもしれませんね。

現実の問題に神は介在するのか

――朝日新聞で連載されているコラムには込められた「祈り」も感じるのですが。

もし僕に信仰があるとして、それを旗幟鮮明に書いてしまうと、読者を限定してしまう。「あっち側」の話になってしまうんです。しかし沖縄や東京のことを書くときに、僕は「こっち側」にいるんです。残念ながら神を口にすると、それが隔てになる。世の中には、自らの信仰を明らかにする文学者とそうでない文学者がいる。先述の須賀さんのように、信仰告白のために文学を使わないという立場もあれば、遠藤周作のような立場もある。
　僕にとって、それは神が介在する問題ではないともいえる。沖縄の問題は、沖縄人と日本政府と日本国民の間の話であって、たぶん神様はそれらの愚かしさを憐れみの目でただ見ているでしょう。それこそ、神を試してはいけないんですよ。神のものは神のものですが、これらはシーザー（皇帝）のもの（「皇帝のものは皇帝に、神のものは神に返しなさい」という福音書の記述に基づく）。

――原発の問題も然り？

　そうでしょうね。「君らが勝手なことをして滅びるなら仕方がないが、それを私のせいにはしないでくれ。単なる自滅だよ」とね。つまり、神を権威として使いたくない。「俺の後ろに神様がついている」という思い上がりが嫌なんです。だから信仰は心の中に置いておいて、自分の部屋の中で祈るわけでしょ。
　テロリストだって、自分の側に正義があると信じるところから足元が崩れていくわけで。昔の軍歌に「天に代わりて不義を討つ」とありますが、誰があなたを代わりとして選んだの、と問わなければならない。

――逆に牧師たちはそれを語らなければならない？

　そうですね。でも、そのために聖書があるんです。聖書にはこう書いてある、それを私はこう解釈する、したがってあなたはこうである、と3段階になっている。それが2000年の伝統の力のはずですよね。
　でも、弱さも含めて人間ですからね。正解はないでしょう。ただ、悩むことや考えることはできるし、仮の答えを出してそれを元に行動することはできますよね。
　フランスに5年住んで、ようやくカトリックのことが少しわかってきたんですが、被造物に対して神は責任があるわけです。だから地震や津波を起こすこともできる。なぜかは問えないが、できる。すべては神のものであるから、自然は神の偉大さの一つのエクスプレッション（表現）だと受け取る。人間は被造物の筆頭として、神からこの自然の管理を任されている。だから自然を耕して森や畑にして、そこから果実を得るのは神に対する人間の義務であり、その場として自然がある。これがフランス人の基本的な自然観です。彼らはメンタリティにおいて農夫なんです。そうすると、サン＝テグジュペリの『星の王子さま』のたとえがよくわかる。

ところが一般的な日本人にとって自然は、そこにあるもの。恵みもあれば恐ろしいものもある。そこには自分と自然との関係があるだけで、神はいないんです。だから、与えられるものを受動的に喜び悲しみ、耐えて生きていくだけ。その違いは、フランス文学を読んでいるだけではよくわからなかった。

預かったものを運用して自分たちの役に立てることが、神に対する応答であるというのがフランスのカトリックの解釈なんでしょう。創造主と被造物と考えればそうなりますよね。当たり前のことで、僕らが気がついていないことはまだあるんですよ。

避けられない電子化 折々に議論は必要

――2010年に編まれた『本は、これから』（岩波新書）で電子書籍について提言されています。

読者を維持するために、両方出さざるを得ないと思いますね。電子版の聖書はやはり必要でしょう。簡単に持ち歩けるし、とにかく便利。レファレンス（検索）するときに一発で見つけられる。新約と旧約の引照《いんしょう》なんかすぐできる。信仰のためではないとはいえ、タブレットで聖句を参照するとか、毎日少しずつ読んでいくとか、使い勝手がいい。いろんな問題はあるけれども、あれもまた本であるということは間違いない。

おそらく若い世代から変わっていくでしょう。韓国のように教科書がタブレットという世代にとっては、他のものも抵抗はなくなります。ただ、アメリカほど急速に普及するかというのは別です。日本の場合はまだ混乱状態。でも無視はできない。

――書き手として、めくって読むという感覚は意識されていますか?

自分が今ここを読んでいるという感覚が薄くて、タブレットはどこか心もとない。やっぱり紙が好きなんでしょうね。僕は今のところ、キンドルはほとんど検索用に使っています。ただ、それも身体的なノスタルジアかもしれない。でも、聖書はもともとスクロール(巻物)だったんですよ。それを少しずつ読んだ。

かつてワープロが出た当初、手書きと変わるかという議論がずいぶんなされたんですが、手で文字を書くということの身体性を失ったために何も変わらなかったかと問われるとちょっと自信がない。かといって手ではもう書けない。執筆にあたっての頭の使い方が変わっていますから。

新しいガジェットが出てきたときにそれをどう扱うかというのは、実は大きな問題です。かつてイスラム教徒のお祈りの時間は、職業化された「ムアッジン」が塔の上から呼びかけていたんですが、拡声器を入れていいかどうかという議論があって、今やみんな自動化されたラウドスピーカーです。ところが今度は、時間を自動的に携帯に伝えるというアプリを作っていいかということになって、それは多分否定された。そのたびに議論しなければならないでしょう。

「Ministry」2013年春・17号

4 キリスト教文化を知っていますか

阿刀田高×大塚野百合

池澤夏樹さんと秋吉敏雄さんの『ぼくたちが聖書について知りたかったこと』からさかのぼること約20年。聖書をかみくだいて読者に提示するという試みをすでに成功させていたのが、直木賞作家の阿刀田高さん。西欧古典を紹介するエッセイシリーズの一つ、『旧約聖書を知っていますか』『新約聖書を知っていますか』（新潮社）は今日まで広く読み継がれている。英文学者である大塚野百合さんとの意外な接点から実現したこの対談では、信仰を持つ者と持たざる者の捉え方の違いが浮き彫りになった。

大塚野百合 おおつか・のゆり

東京女子大学英語専攻部、早稲田大学文学部史学科卒業、米国クラーク大学大学院修了。恵泉女学園大学名誉教授。著書に『賛美歌・聖歌ものがたり』『賛美歌と大作曲家たち』『賛美歌・唱歌ものがたり』『賛美歌とゴスペル』『出会いのものがたり』（以上、創元社）、『ヘンリ・ナウエンのスピリチュアル・メッセージ』（キリスト新聞社）、『あなたは愛されています――ヘンリ・ナウエンを生かした言葉』（教文館）などがある。

阿刀田高 あとうだ・たかし

1935年、東京生まれ。小説家。早稲田大学文学部仏文科卒業。79年、『来訪者』で日本推理作家協会賞、短編集『ナポレオン狂』で直木賞を受賞。95年、『新トロイア物語』で吉川英治文学賞を受賞。文部科学省設置の文化審議会の会長を務めたほか、93年から97年まで日本推理作家協会理事長、95年から2007年まで直木賞選考委員、日本ペンクラブ第15代会長を歴任。

クリスマスイブには教会に行くのが真っ当

大塚　阿刀田さんとの出会いは、奥様を通してです。私が朝日カルチャーセンターで聖書の講座を持っていて、そこに奥様が来られたんです。それがきっかけで、阿刀田さんの『新約聖書を知っていますか』（新潮文庫）の解説を書くように言われて。その時、私の最初の賛美歌の本を差し上げたら、お忙しいのに、便せん4枚に感想を書いてくださったの。それだけでなく、1995年のクリスマスイブ、朝日新聞夕刊の連載に「讃美歌の季節」というタイトルでこの本を紹介してくださり、エッセイの最後に「この日ぐらいは神様のことを考えたいと思う」って書いてあったんですよ。すると奥様から電話がかかってきて、「クリスマスイブは主人と一緒に大塚さんの教会の礼拝に伺います」とおっしゃるんです。それから毎年、クリスマスイブにはうちの教会に来てくださるの。その時は毎年、信徒の私が説教することになってるんですよ。

阿刀田　銀座の酒場で飲んでいて、「イブはどうされるんですか」って聞かれたから、「教会に行くよ」って言ったら、みんなが「ええー」って。

大塚　それはびっくりなさったでしょう。

阿刀田　ええ。でも、考えてみたら、それがいちばん真っ当なことだと。

大塚　そうですか。

阿刀田　そりゃそうでしょう。ただ、日本人がクリスマスイブを過ごすのに教会に行く率はきわめて低いかなとは思いますけど。

客観的な「旧約物語」、信仰の書の「新約物語」

大塚　ところで、『旧約聖書を知っていますか』を書かれてすぐに『新約聖書を知っていますか』を出されたんですか。

阿刀田　いいえ、もっと間が空いてます。たいへん苦労しましたから、旧約が1991年、新約が93年です。これに関しては、実は犬養道子さんの書かれた『新約聖書物語』『旧約聖書物語』（新潮社）という本を読んで私はとても驚いたんです。まず『旧約聖書物語』について言えば、これは天下の名著です。

大塚　どういう点が名著なのですか。

阿刀田　旧約聖書をやさしくしっかり説き聞かせているという点で名著です。だけど『新約聖書物語』では、一気に犬養さんの信者であるところが出ちゃったんです。『旧約聖書物語』はきわめて客観的に旧約聖書を分析して書いている。ところが『新約聖書物語』になったら……これもある意味では名著、力作ですが、『旧約聖書物語』であれだけ客観的であった犬養さんが、実に信者的な立場で書かれて、マリアの処女降誕から何から、それは神のみところで、そのとおりなんだと、そのことの理論づけなどをおっしゃっているわけです。

大塚　犬養さんはカトリックの方ですね。

阿刀田　『旧約聖書物語』のほうは客観的に書いていらっしゃるからこそ感動したのに、『新約聖書物語』になったら、いっぺんによくある信仰の書になってしまったんです。そうすると、一般の人が読むにはやっぱりつらいですね。信仰を持つ方というのはこんなふうに見方が変わるのか、ここまで自分の信仰について書いてしまうんだなと少しびっくりしました。

「信者に」ではなくキリスト教文化を伝える

大塚　今回改めて『新約聖書を知っていますか』を読み返してみて、心に残る言葉がいくつもありました。たとえば、こんなことを書いていらっしゃいます。

「とにかく（イエス自身が）すごい金山なんだから、それを信じて一生懸命掘りなさい」と。「掘らないのは阿呆である、と……。それがりっぱな金山であったことはキリスト教の二千年の歴史が証明している」（196頁）。

阿刀田　たとえば、キリスト教関係の出版社が出す本というのは、「どうかみなさん、信者になってください」という感じがあまりにも見え見えすぎる感じがするんです。そうではなくて、「キリスト教というのは欧米人の中に長い歴史を持った素晴らしい文化なんですよ。このすごい文化を、どうかみなさん、知ってください」という姿勢のほうがいい。信仰はその後からでもついてくる問題であって、むしろキリスト教の真髄とは何かということ文化論として知ることがまず大事だし、それをみなさんに訴えなくちゃ駄目だと思うんですよ。だから、「信仰を持ちなさい」ということではなくて、「彼らはこういう考え方をして、こういう前提に立ってこのことを言っているんですよ」と。これはとても大切なことだし、チャーミングなことだと思います。カントやシェークスピアはこう考えたということ以上に、キリスト教はこういうふうに考えたということは、信仰と関係なくても十分におもしろみがあるんじゃないかな。

17年前にこの本を書いた時には、私もまだそのへんの意識が薄かったと思いますね。いま考えたら、もっとキリスト教的な文化論として聖書について書くことができるかなという思いがあります。これを書く時に、信仰の問題にはあまり深入りできないものですから、ほかの芸術、文化との関わりで書こうと。受胎告知をそのまま扱うのは苦しいから、最初は絵画の話から入ったほうがいいんじゃないかというふうに努めたんですね。これはある意味では、信仰を真正面から扱わないようにするための逃げの手段だったのかもしれないけど、今になって考えれば、それはそんなに間違った方法でもなかったのかもしれない。やはり欧米の文化に関心を持っている人はいっぱいいるわけですから。そういうことをもう少し心がけたほうが、一般の人にはわかりやすいし、喜んでもらいやすい。あまり、「さあ、信仰はとても素晴らしいんだから、どうぞどうぞ」とやると、人間は「ほんとにそうかな」と腰が引けるところがありますから。

信仰のない者が信仰の書を扱う難しさ

大塚　なんでもこの本を書くために10年間、たくさんの参考書を読んで準備なさったとか。そうですね。どこから準備を始めたかというのは難しいですが。『ギリシア神話を知っていますか』（新潮文庫）を書き終えて、これがたいへん好評だったんですね。この本を書いたのは、自分がギリシア神話についてある程度詳しかったから、このことは書けると思って書いたわけです。でも、もっと大きな目的として、西洋文化を理解する時に、やはりギリシア神話は日本人のみなさんも知っておいたほうがいいし、知っておくべきだという思いもあった。そして次の瞬間から、もっと大切なのは聖書だと考えていたわけです。しかし残念ながら、その時点では私は、聖書概論くらいは他の人よりは知っていましたが、とても知識があるとは言えなかった。でも、それをいつか書けたらいいなあと思いながら、少

阿刀田

しずつ準備していたんですね。

阿刀田　そして、ものすごく苦労なさって、途中でやめようかと思ったとも書いていらっしゃる。

大塚　まず旧約聖書から手をつけたんですが、これはイスラエルの建国史としても読めるので、そのエッセンスを書くことができた。しかし新約聖書となると、これは信仰の書で、私は自分が信仰を持つ身ではないので、あまり信仰については深入りしないということを基本的に考えていたわけです。でも、信仰の書を信仰抜きに考えることは非常に難しい。で、どういう方法なら書けるだろうと考えたところ、結局、信仰を持たない者が新約聖書について書くことは不可能ではないかと思い、それでやめようかなと、ほとんどその理由に尽きると思います。

大塚　この本がとても意味あると感じるのは、阿刀田さんが推理作家的な目をもってイエスのされたこと、たとえば「復活」を見ていらっしゃるからなんです。その上で、復活はクリスチャンにとって生きるか死ぬか、信仰の存亡に関わることだともちゃんと書いていらっしゃる。それともうひとつ、私たちクリスチャンでも、聖書の中に信じることが難しいことが山ほどある。ところが阿刀田さんは作家でいらっしゃるから、そこは強いんですね。私はこう思うと書いていらっしゃるんです。それだけでなく、この箇所はわかるようでわからないということもはっきり書いていらっしゃる。復活もそうです。私は信じていますが、「本当に信じているの？」と言われたら、「もっと真剣に信じたい」と言うでしょう。十字架っていったい何か。それを推理作家としての筋を通して、「イエスは、自分が神の子であることを証明するために、十字架にかかり、復活することが絶対であると思っていた」と書いていらっしゃるんですね。

阿刀田　これは書くのにはそうとう度胸がいることですね。

大塚　阿刀田さんはこういうふうに見ていらっしゃるのかと思ったんです。私たちは、イエス様は人類の罪を背負って身代わりとなって十字架にかかってくださった、そのイエス様を信じることで私たちの罪が赦される、そして、神様がイエス様を復活させ、そのイエス様が私たちに与えてくださる聖霊によって生かされているんだと信じています。しかし、「それをほんとに信じてるの?」と聞かれたら、「ええっ」と後ずさりしちゃうんです。もっと必死になって信じないと駄目です。

阿刀田　新約聖書を解説することの難しさをひとことで言えば、イエスとは何者かということを書かなければいけないことです。それが書けないのであれば、こういう解説の本なんか書いちゃいけないと私は思う。信仰のある方がイエスは神の子だと思って書くことは可能です。じゃあ、神の子と思わなかったらイエスは何者なんだということを考えなければ、この手の本は基本的に書けません。そこで考えたのが、偉大なる社会革命家だったと考えたらどうだろうと。本質においては当時の神の概念と非常に近いところを持った社会革命家だったのではないか。そういう立場を取れば書けるかなということで書いた本です。そのことは遠慮がちには書いてあります。書かねば駄目だと思いましたからね。

文学的な感受性で聖書に感動する

大塚　阿刀田さんは『新約聖書を知っていますか』を書いていらっしゃる時に、新約聖書に体当たりでぶつかっていらっしゃるという感じがしたんです。この本の中で私がいちばん感動した箇所は、「こざかしい疑問を抱くより、ただひたすらに信ずるほうが肝要である。なにしろ相手は人間を愛して、愛して、愛して、愛してやまない神なのだから」（142頁）という文章。阿刀田さんは「ゲッセマネのイエスが一番好きである」（143頁）とも書かれています。この本の中で描かれるイエスの苦悩の姿を読みながら、私は落涙寸前でした。それだけ阿刀田さん自身がイエスの苦悶に深い共感を持ち、イエスへの愛にあふれていたのでしょう。私は、このような「優しさ」に阿刀田文学の秘密が隠されているのではないか思っているんです。

阿刀田　ヨーロッパの思想というのはみんなそうだと思いますが、いろいろ関連し合っているわけですよね。古代ギリシア人は、神が何を考えているかは人間にはわからないと考えていた。しかし、神は全能であり、人間を造り、人間を愛している存在なのだから、神のおぼしめしはわからないけれど、必ず良かれと思って、何か理由があってそうされているんだから、そのことを敬おうというのがギリシア神話の精神です。オイディプス王は何の悪いこともしていないのにあれだけのひどい目に遭うのも、何か神の意思があるんじゃないかと。それについて、こざかしい人間どもがあまり疑うことなく、神に対しては敬虔でありたいというのが古代ギリシア人の根本精神なんです。だから旧約聖書のヨブ記も、ある意味でそれを書いているんだと思いますね。一方、ヨブは何も神にもとることをしているとは思わない。けれども、ヨブがあれだけの運命をたどるのは、何か神のお考えがあるに違いないという思いに至らないと、ヨブ記は理解できない。やはりそういう流れで捉えないと、ヨーロッパの宗教、特にキリスト教はわからないんじゃないでしょうか。

大塚　この本のいちばん最初に、フラ・アンジェリコの「受胎告知」のことが書いてありますね。

阿刀田　これは私自身、気に入りましたからね。受胎告知の絵は山ほどあるけど、これがいちばん良いです。

大塚　それから、サン・ピエトロ大聖堂にある、死んだイエスをマリアが抱えている「ピエタ」。

それを見て阿刀田さんが「わけもなく涙がにじみそうになった」（200頁）と書かれているんですね。そうした文章の端々に、文学や美術に対する素晴らしい感受性を感じます。

阿刀田　あれは作者への思いですかね。作者の敬虔な心。どう考えても現実にはマリアはあそこでイエスを抱くことはあり得ない。また、あのマリアはあまりにも若すぎる。しかし、マリアの心を具体化したらこのピエタになったんだろうなと思うと、こんなに見事に人間の心を想像して具象化する技があるんだということに私は感激したんじゃないでしょうか。それに、これは神の問題を超えて、人類の母なるものの悲しみを感じますね。いくらイエスが高い志を持って、マリアがそれを理解していたにしても、やはり母としての悲しみがあったんじゃないかな。みんなに喜ばれてあんなに評価されていることは嬉しいけど、本心を言えば、そんなに偉くなってくれなくても、普通にやってくれていたほうがよかった、こんな大それたことを考えるから、とうとう十字架にかけられて、おまえ、気の毒だなあ、でもお母さんはそれを言うわけにはいかないんだよ、という思いがピエタなのではないかと考えたりするわけです。

文章としての美しい力が聖書そのものにはある

大塚　阿刀田さんが聖書の日本語について書いていらして、文語訳の時は非常に厳粛で良かったが、口語訳になったら、その厳粛さがなくなったと。それは宗教の本質に関わることであると書いていらっしゃいますね。

阿刀田　ただ新共同訳についてはよくぞやったとも思っているんですよ。つまり、カトリックとプロテスタントが共同でやるわけだから、たいへんな難事業だったと思うんです。確かに昔のものが持っている荘厳さには欠けていても、ひとつひとつ妥協点を探りながらあれだけの訳文を成し遂げたという努力には素直に敬意を表します。だから、今はあまり軽々に新共同訳を批判する気になれません。しかし一般論としては、宗教書を訳す時には、宗教の専門家だけじゃなく、文章に関する見識のある人、文にすぐれた人がそこに加わることはとても大事だと思いますね。荘厳な文章がいいか、平易な文章がいいか、いろんな考えがあるけれど、今のままでは何か足りない気がする。難しく考えず素直に訳せば、聖書なら自ずと荘厳になるんじゃないでしょうか。むしろ、平易な言葉で伝えようとした時のほうが荘厳さが出るかもしれませんね。

大塚　私は、用語とともに、言葉のリズムが大事だと思いますね。

阿刀田　大事ですね。

大塚　たとえば、英語聖書の欽定訳、それからドイツ語のルター訳などが文学や音楽にものすごい影響を与えています。ルター訳のマタイ伝の言葉がそのままバッハのマタイ受難曲で使われていることはすごいことですよね。それは言葉のリズムが素晴らしいんだと思うんです。文語訳の聖書が私たちの心を打っていたのは、やはり深いたましいの底から出てくるリズムがそこに表れていたからでしょう。

阿刀田　聖書がこれだけ残ったのは、文学としてやはり美しかったからでしょうね。美しい力を持っていたからというのが、ひとつの要素だと思います。文学の役割とは何かと考えた時に、当たり前のことを見事に説得するというのも文の力だと思うんです。当たり前のことを当たり前に語ったのでは人に通じない。当たり前のことを良い言葉で語る。「山は青きふるさと、水は清きふるさと」というのは実に単純だけれども、日本の自然を表していて、私はあんなに的確な日本語はなかなかないと思っているんです。当たり前のことですよ。山は青いなあ、水はきれいだなあなんて。でも、それをその文章に捉えることで、非常に鮮明に心に響かせることも文学の役割だろうと思っています。聖書は間違いなく、その文学の機能を果たしていた。それは、いろんなところで天才が関わっていたからでしょうね。その結果、聖書という文学的にもすぐれたものがあった。それをヨーロッパ人は享受しているわけですが、日本人はまず中身を理解しなければならないという入り方をしますから、詩歌として聖書を美しく感じることはなかなか難しいでしょうね。

キリスト教文化を一般の人に伝える大切さ

大塚　日本のキリスト教はこのようであってほしいということを、阿刀田さんはいろいろと考えていらっしゃるでしょうか。

阿刀田　社会的な事件に対してキリスト教徒はもっと発言してほしいですね。歴代のキリスト教徒の中にはそのような方が多かったけれども、この頃はそういう方が少ない。今は確かに、イスラエル・パレスチナの問題ひとつにしても非常に難しいところがあるだろうと思います。しかし、キリスト教徒が多い国々が世界で起こしている紛争に対して、日本のキリスト教徒たちはどう考えているのか。それをもっと発言してほしい。そうすることが、キリスト教の考え方やキリスト教徒の誠実さを一般の人に伝えるいちばん大切な道だと思います。内に向かって語っているんじゃなくて。世界情勢の中でキリスト教徒が発言しなければいけない出来事がいっぱい起きていると思います。

大塚　明治、大正、昭和と、一世をリードする、頭抜けた、傑出した指導者、たとえば植村正久（1858～1924、内村鑑三らと共に日本のプロテスタント教会に多大な影響を与えた）がいました。

阿刀田　そういう方が現代にもおられないと、キリスト教は社会的に評価を受けにくいだろうなと思いますね。どうしてだろう。大塚さんがクリスマスの礼拝の時のお話で、必ず最近の出来事を取り上げられるのはいいなあと思っているんです。そうでないと、一般の方はキリスト教に首まで浸かって生きているわけじゃありませんからね。キリスト教とは無関係な一般社会で生きているわけで、社会的な事件を聖書と照らし合わせてみたらどうなんだろうとか。大きな組織のリーダーになっておられる方は、社会的な出来事に対しても発言してほしいと思いますね。

大塚　キリスト新聞社の新しい雑誌「Ｍｉｎｉｓｔｒｙ」を、阿刀田さんはどう読まれましたか。

阿刀田　こういう時代に、教会や教団の中だけの問題じゃなくて、一般の社会に向けてキリスト教を発信することは、とても大切なことだと思います。今、キリスト教が何を考え、どういうふうに物事を捉えているのか、教会の外にいる人々はなかなか触れるチャンスがない。本屋さんに行っても、キリスト教のコーナーにあるのは、世の終わりがいつ来るとか、黙示録に記された秘密とか、聖書の暗号とか、ユダの福音書とか、イエスは結婚していたかとか、トンデモ本と呼ばれる種類の本ばかり。

大塚　日本には聖書に触れたことのない人がたくさんいて、その人たちにどうにかして「聖書を読みたい」と思う心を起こさせるような本を誰かが書いてくださらないかしらと私はずっと思っていたんです。そうしたら阿刀田さんが書いてくださった。これは誰にでもできることじゃないんです。どんなに聖書のことをよく知っている神学者や牧師がいても、みんなが喜んで読める『新約聖書を知っていますか』のような本は書けないんですよ。それは、聖書と現代の日本社会の間に大きな壁があるからですが、それを阿刀田さんがどかーんと破ってくださった。『新約聖書を知っていますか』を久しぶりに読み直して、引き込まれるようなおもしろさがあるんですよ。

阿刀田 私は信仰は持っていませんが、欧米の文学を思う時に、やはり聖書の知識がないと、ある部分はわからない、そこから先は一歩も進めないということに時々ぶつかります。だから、知りたい。そこで、どう考えたら年来の疑問に答えが与えられるだろうかと自分なりに考えた。そして、その傍らで聖書を読みました。たとえば、知人の結婚式で牧師さんの話を聞いた時にも、聖書の文脈からはそんな解釈にはならないだろうと思ったくらい、特に新約は精読しました。旧約まで全部精読したとはとても言えませんが。そして、そのことについてみんなに語りたいということを貫いただけなんですね。その姿勢はひとつの価値を持ったものの見方だと思っています。信仰の書というのは世の中にあって当然だと思いますが、キリスト教文化を広く普通の良識の中で理解していく手助けになる本ということでは、もっと優良な本が出て然るべきだと思っています。

やさしいことを深く、ユーモアを真面目に

阿刀田 私の敬愛する井上ひさしという作家がいるんですが、「難しいことをやさしく、やさしいことを深く、深いことをおもしろく、おもしろいことを真面目に書かなければいけない」ということを、ものを書く時の信条としているんですよ。本当にそのとおりだと思いますね。

大塚 阿刀田さんもそれを実践なさってますね。

阿刀田 とても端的な、ものを書く時の基本的な姿勢であって、聖書やこの雑誌に関わる方にもそうあってほしいなと痛切に感じます。一般のみなさんに語りかけるんだったら、なおさら。

大塚 日本人に欠けるのはユーモアですからね。マザー・テレサの会に志願するシスターの条

件に、「ユーモア精神のある人」という1箇条があるんですよ。私はびっくりしました。「苦しみに耐える人」というんだったらわかりますが。でも、だからこそ彼女たちは、死んでいく人たちのケアができるのかと思います。阿刀田さんのご本を読んでいても、笑ってしまうことがたびたびあります。でも、心のあたたかさがないと、ユーモアは出てこないんですね。そのユーモアの秘密も、阿刀田さんの優しさにあるんじゃないかと私は思っているんです。

「Ministry」2010年春・5号

5 学問も宗教も国家を超えなければ

高橋哲哉

かねてから殉教者の顕彰に対し異を唱えてきた高橋哲哉さんは、東日本大震災から間もなく発行された緊急増刊「朝日ジャーナル　原発と人間」（2011年5月24日）への寄稿で、20世紀の初めデンマークの陸軍大将フリッツ・ホルムが提唱した「戦争絶滅受合《うけあい》法案」について紹介した。それは、地上から戦争をなくすために考案された法律で、戦争が開始されたら10時間以内に、次の順序で最前線に一兵卒として送り込まれるというもの。第一、国家元首。第二、その男性親族。第三、総理大臣、国務大臣、各省の次官。第四、国会議員、ただし戦争に反対した議員は除く。そして第五に挙げられているのが、「戦争に反対しなかった宗教界の指導者」だ。哲学者として、靖国神社や国家神道を含む「宗教と戦争」の問題に取り組んできた高橋さんに日本のキリスト教はどう映っているのか。

高橋哲哉　たはかし・てつや

1956年、福島県生まれ。東京大学卒業。東京大学大学院総合文化研究科教授。20世紀西欧哲学を研究、哲学者として政治、社会、歴史の諸問題を論究している。著書に『デリダ――脱構築』『戦後責任論』『教育と国家』（いずれも講談社）、『この国に思想・良心・信教の自由はあるのですか』（共著、いのちのことば社）、『靖国問題』（筑摩書房）など多数。

「靖国」を超えるための信仰

――キリスト教との接点は？

小学校6年生だったと記憶しますが、家にあった写真集で、小高い丘の上に建つサント・マドレーヌ大聖堂の写真に惹かれたのが最初です。ヨーロッパのキリスト教文化には、早くからある種の憧れがありました。高校から大学にかけては、特に哲学者・森有正の本に影響を受けました。後に哲学を専攻するようになったのも、そのあたりの関心からですね。ヨーロッパの哲学や思想はキリスト教との関係なしに語れませんから。

実際に教会でたびたび講演をするようになったのは、ここ10年ぐらいのことです。日本カトリック正義と平和協議会の講演に招かれたのが最初だったと思います。当時は「慰安婦」問題を中心に、戦後補償の問題が活発に議論されていました。その後、小泉首相による靖国参拝が始まった2001年以降、靖国問題について発言するようになってから急速にそういう機会が増えました。

――ご自身は信徒ではありませんが、どんな話をされるのでしょうか？

キリスト教自身の中に、靖国を超えるものが確実にあると思うんです。キリスト者の皆さんと議論する場合は、その「超えるもの」とは何かを確認することになります。そういう場では思い切って、「キリスト教ではこうなる。ここが確認されていないと、靖国に取り込まれかねない。一人ひとりのキリスト者が何を根拠にノーと言えるのか。それは憲法じゃない。信仰ではないか」と（僭越ながら）問いかけることになります。信仰を持たない方と議論するよりも、共有しやすい部分はあるかもしれません。

たとえば、デリダとかキェルケゴールなどをよく援用します。さすがにイエスやパウロの言葉を私がキリスト者の皆さんにするのは、釈迦に説法じゃなくて、キリスト者に説法だと思うので……(笑)。デリダは20世紀後半を代表する哲学者ですが、西洋の思想伝統全体を根本から問い直す中で、キリスト教の持つ可能性を真剣に追求し、かなり突き詰めた議論をしました。そこでは正義(justice)、贈与(giving)、歓待(hospitality)、赦し(forgiveness)といった概念が焦点になっています。これらはキリスト教だけでなく、アブラハム的宗教に共通する問題でしょう。

キエルケゴールは、「信仰とは、神の前で単独者として立てるかどうか」だと考えました。これは、戦時中にキリスト者が置かれた立場と同じです。国家を相対化して乗り越える信仰は、当時の日本人にはなかなか持てなかった。キリスト者が本当の信仰を持っていれば、明らかに次元の違うことだと言えるはずです。

「戦後」と来たるべき「戦前」への課題

――著書の中で、戦後民主主義の脆弱性を「メッキと地金」にたとえて説明されていますが、戦後のキリスト教会の歩みをどうご覧になっていますか。

敗戦直後は、キリスト者であればこれからは平和のために生きるんだという切り替えを皆した。しかしその切り替えが速やかになされたがゆえに、逆にその清算、検証が置き去りにされてしまったという印象があります。戦時中に指導的立場にいた人々が、戦後も責任を問われずにリーダーであり続けた例が、宗教界も含めて少なくありません。仏教でも、政治、経済、メディア、学界でもそう。学問や宗教は国家を超えないと意味がないと思っていますから、キリスト教がなぜ戦後も長い間、過去を検証できないまま来たのかということは、今日なお問われてしかるべきです。

ドイツでもどの国でも、人間は自分の過ちを直視できない面がありますし、国策としてそうだったということであればなおさら、皆仕方がなかったという弁解ができる。人間社会であれば、多かれ少なかれそういう面はあるだろうと思う。しかしキリスト教は、「罪」「責任」「悔い改め」「和解」「赦し」などについて突き詰めた宗教です。そういう宗教でありながら、それができないで来たとすれば、それはなぜなのか。

私はキリスト教に対して期待が大きいので、特にそういう部分がとても気になります。実はこの数年間、靖国問題との関わりもありつつ、他方で自分の研究という面からも、再度、キリスト教の問題を考えたいという強い動機づけが生まれているところです。

――2005年に刊行された『靖国問題』(筑摩書房)では、問題解決のために新たな国立追悼施設の必要性を説く主張に丁寧に反論されていますが……。

キリスト者から出てきた議論として重要だと思いました。政治的な選択は必ずしも信仰から直接導き出されるとは言えないわけで、さまざまな思想的背景や歴史認識などに従って「判断」するしかありません。ですから、キリスト者の中でも分かれるというのはあり得ることです。「靖国問題」の解決策についても、大いに議論されるべきだと思います。まだ何も解決されていませんから。

――再び戦争に向かおうとする流れについては?

時代が変わって社会が複雑化しているので、「右傾化」というのが正確かどうかは難しいのですが、確かに90年代以降、世論が大きく変わったことは間違いありません。グローバリズムの行き過ぎも顕在化し、アメリカ発の金融危機から、世界的に新しい貧困問題がクローズアップされています。

今、ナショナリズムにしても国家主義にしても、格差社会で声も出せないような状況に追い込まれている人々が、ある種の癒しや社会の一員としての承認を求めて、一気にナショナリズムに向かうという回路があります。将来のない底辺で生きるぐらいなら戦争のほうがまだいい、という戦争待望論まである。これは珍しいことではありません。満州事変もナチスの台頭も、背景にはそうした閉塞感がありました。

今日、戦争に向かう流れがあるとすれば、そういう意味では、本来は弱い人、貧しい人に寄り添って苦悩を共有しつつ希望を掲げるという部分がどの宗教にもあったと思うので、貧困の問題にどう関わるか、宗教者にとって特に問われる問題だと思います。

――具体的に何を期待しますか？

結局は言葉ですかね。どう語りかけるか。もちろん語りかけるためには、どこまで深く考え、感じているかということが問われると思います。しかも、人に届く言葉でなければいけません。学者の言葉というのは、多くの人にそんなに届きませんから（笑）、信仰者の言葉のほうが訴える力はあるんじゃないかと思います。やはり、本当のことは何かということを突き詰めて考えるという作業が欠かせません。学問も同じ課題を背負っています。

他方、安易に現実に妥協するのもどうかと思います。イエスの教えの大事な部分は、当時の学者たちの議論とは違って、具体的な比喩も使いながら非常にわかりやすい言葉で語りかけた。同時に、わかりやすい言葉で語られていることが本当はどういう意味を持っているかということについて、果たしてどれだけ自分で考えているか。

たとえば、「赦し」ということについても、日曜日に教会で聞いて「ああ、いい話だな」と思ったら、本当に自分のものになっているかを問い直す。「キリスト教って何？」「信仰って何？」と問われた時に、答えられなければいけない。いつも自分の根拠が何なのかということを考えないと、いつの間にか空虚になってしまいます。

靖国だってそう。うちの教会や教団は首相の靖国参拝に反対のようだと――言われてみれば、なるほど、そうかもしれない。でも、多くの場合、それで終わってしまっているんじゃないでしようか。声明を出すことで満足してしまう。では、自分が戦時中に靖国反対って言ったらどうなったのか。それでも言えたのか。言えるとすれば、自分の根拠がどこになければいけないか。なぜ靖国に問題があるのか——ということを、どういう根拠で言えるのか、いつも考えていないと、靖国や国家神道に何も違和感を覚えないというようになってしまいます。

日本社会を相対化するキリスト者

——カトリック教会の「殉教」に関心をお持ちだそうですが。

『国家と犠牲』(日本放送出版協会)という本でも書いていますが、東西を問わず、国家のための犠牲を聖別(神聖なものとして俗物と区別)し、英雄化していく長い伝統があります。同時に、「犠牲」というのは、宗教の中で存在してきた観念です。

先ほどのキエルケゴールの議論で言えば、同じ犠牲であっても、「国家のための犠牲」と「信仰上の犠牲」とは異質だということになるんですが、それをどこまできちんと考えられるかという問題があります。犠牲を「称える」というのと「肯定する」のでは違いますし、犠牲は出すべきではなかったと考えるのか、集団的追悼を認めるのか、それをも否定するのか、さまざまな議論が出てくると思います。

創世記22章の物語などは、非常に原型的な問題を提起していますが、これを哲学的、神学的にどう考えるのかというのが、実は今、いちばん関心があるテーマなんです。新約聖書では、イエスの十字架が犠牲だったとしたら、どういう意味の犠牲なのか……。それがわからないと、殉教というものは評価できないと思うんです。

キエルケゴールは、教会を全否定しているわけではなく、「制度化された教会と信仰とはイコールにならず、『単独者』がつながり合う目に見えない教会は栄光の教会にはなりえない。だからこそ、常に闘う教会にならざるを得ない」と言っています。神のための殉教と教会のための殉教は分けられなくなってくる。単独者的な信仰が人知れず迫害を受けるということはあり得る。そのことと、教会が殉教者を列福するということは、また質的に違うような気がします。

――限りなくキリスト者に近い位置におられますね。

紙一重かもしれませんね（笑）。宗教としてのキリスト教を信じていないことは事実ですが、信仰と言えば、非常に近い部分があるかもしれない。特に、近代以降の世俗化した社会において生きる信仰とは何なのかを問うたブルトマンとか、ボンヘッファーとか、そういう人たちに関心があります。

とにかく、靖国問題一つをとっても、日本の中では少数派とはいえキリスト者の人たちがいなければ、なかなか相対化することが難しい。それだけ重要な存在ですし、担っている責任も重いのではないでしょうか。

「Ministry」2009年春・1号

6 天皇主義的キリスト教から出ていない

辛淑玉

高橋哲哉さんと同様、この間、教会に招かれて話す機会も増えたという辛淑玉さん。女性、在日コリアン、ＬＧＢＴ、障がい者など、マイノリティに対する差別、ネットと現実世界にあふれる「ヘイト」との戦いに終わりはない。故・野中広務元自民党幹事長との共著『差別と日本人』（ＫＡＤＯＫＡＷＡ）も話題になった。このインタビューでは、本業である人材育成コンサルタントの視点から、教会への厳しい苦言も飛び出した。

辛淑玉　しん・すご

1959年、東京都生まれ。85年に株式会社香科舎を設立し、人材育成コンサルタントとして活躍中。年間百数十本の研修・講演を行うかたわら、新聞、雑誌、テレビ、ラジオなど、あらゆるメディアで論説活動を展開。構造的弱者支援のための活動をさまざまに実践する。2013年より「ヘイトスピーチとレイシズムを乗り越える国際ネットワーク（のりこえねっと）」共同代表。著書に『悪あがきのすすめ』（岩波新書）、『怒らない人』、『いじめるな！——弱い者いじめ社会ニッポン』（香山リカと共著）、『差別と日本人』（野中広務と共著、いずれも角川書店）など。

外側に発信するつもりがない？

――教会がジリ貧です。

新しいことをやるのが怖いんでしょうね。教義についてもなかなか時代に合った解釈ができない。過去と同じことをしていれば安心という心理と、組織が苦しいんだろうということだけは理解できます。キリスト教美術や文化は海外でも基本的にデザイン性が高いのに、教義になるとみんな教科書的になってしまうのはなぜなんでしょう。発信するつもりがないのかな？ わからないお前が悪い、という傲慢な上から目線。

――キリスト教に対してどんなイメージを持たれていますか？

日本における宗教のイメージって、学校の偏差値がそのままスライドしていると思います。大学の偏差値を見てみると、キリスト教系の学校はだいたい60前後。仏教系が50前後で、神道系は45前後。その偏差値がそのまま宗教のイメージに転嫁されていて、キリスト教はちょっとハイカラで賢い人がいる感じ。

インテリで力のある男たちというのは、宗教から遠いですよね。同時に力ある男たちのやる宗教というのは、やっぱり生活者から遠いんですよ。でも宗教は、今の現実から逃げるためのものではなく、いま生きているこの社会の中で生き抜くための力にならなければ意味がないと思う。日本で宗教を信じる人というのは、ちょっと変わった人で、生産性から外れた人という「出家」のような印象はあります。

――教会に行かれたことは？

何回かありますが、聖書が書かれた当時発せられた教えというものを今の問題に照らし合わせて、どのようにいま生きていく力にするのか、という語りができる人にはあまり出会いません。悪いけど、本当にこの人、人間を知っているのかな、と感じてしまうときがある。教会では美しい言葉を使うわけですが、もともと弱者は美しくないから。結局、教会はそういう人たちが美しいことを唱えられるようになるためのプロセスを作れないんでしょうね。聖書が古典芸能的な物語になって、それでもう完結している。過去の遺産で食べているだけで、組織としての努力が見えない。

今の問題に対応して教会が変化できないのはなぜかと言えば、教会がその問題を抱えた人たちと共に生きていないからです。牧師自身、一つの特権階級であって、それでご飯が食べられるから、食べられなくなっている人たちのことは自分たちの問題ではない。だから、当事者としての言葉が作り込めないという感じがします。

――説教を聞かれたことは。

インターネットで流れている説教を時々聴くと、「今日は何とかの何章で」とか言うんだけど、何かズレてるなあと。自分が勉強してきたことをただ学習会で発表しているようにしか聞こえない。感情を共有できない。牧師は善い人になんかならなくていいから、「ホントにムカついた」とか、「まあ、100点じゃないけど、49対51ぐらいで、ちょっとこういうふうにしてみましょう」という感じであってほしい。人間というのは、泥臭くても何でもいいから、今のこの問題を解決するための心の支えになる言葉がほしい。だから、訳のわからないカタカナの言葉をいっぱい出して話すのではなく、生きた言葉にしてもらいたい。長崎の二十六聖人は、自分たちを全否定する勢力に対して存続を賭けて闘ったわけで、そういう闘いを支えた言葉は聖書のどの言葉？ とか。むしろ、キリスト教の本読むたびに、「こんなに女を馬鹿にすんなよ」みたいなことばかりで、そういう本来語るべきことの翻訳ができてないというか、時代遅れですね。

弱者と共にいるのは教会ではなく信者個人

——どこか良い点はないですか？

人権を守る運動の現場に行くと、いちばんキツい闘いの場で最後まで踏ん張っている人の多くはクリスチャンをはじめとした宗教者です。その姿を見て、宗教というのは人間をこれほど強くするのかと思います。ただ、個人として日々の生活の中で努力してはいるけど、組織はそれをしていない。教会は、この難しい教えを自分で勉強して、わかってからこっちに来なさいという姿勢だから。でも、学べる人を前提としないで、学ぶことすらできなかった人たちの救いになるようなことが本当は大切でしょう？

——教会が政治的、社会的になるのはよくないとも言われます。

政治というのは、人を不幸にしないためのシステムでしかない。人が幸せだと感じるのは、やはり最終的には宗教とか哲学なんですよ。生きる意味としての。教会はいま、それに対して答えていないんでしょう。こんなに苦しむ者があふれている中で、宗教は何をやっているのかと。別に伝道しろというのではなく、何もしなくても、苦しんでいる人のそばにいるということが生き様としてあるのかと言いたい。でも、おそらくみんな忙しいんでしょうね。日々の行事とか、その組織の運営とか。本当に大切なことは組織を守ることではないと思いますが。

——原因は何だと思われますか？

いま宗教界は大半が2世、3世と世襲になっていますよね。だから、食べられなくなったら家の宗教を継げばいいという発想もある。それはもう、ある種の天皇制ですよ。天皇制を批判しておきながら、自分が天皇制やるのかと言いたくなります。なおかつ、親父（牧師）がいちばん偉いでしょ。どうしていつも親父から説教を聞かされなきゃいけないのかと。まず、説教する親父自身が変われ、と思うわけです。だって、男の視点がいかに社会を壊してきたのかという反省がそこにはないから。その意味で言うと、宗教界も自分たちの歴史に対する反省がないまま来てしまった。そして、それは結果として利権の構造になり、力を帯びる。教会がそのように家父長制的に硬直していく一方で、現場で闘っている信者たちというのは、少なくとも教会を飛び越えて、信仰というものを自らの力で実践しているんでしょう。

アメリカや韓国とは違う日本の天皇制的な教会

──アメリカの教会には?

行ったことありますよ。面白かった。日本のキリスト教は、行った教会の牧師さんの説教をただ聞いて帰るというふうにパターン化しているじゃないですか。でも向こうに行くと、歌ったり踊ったり、それからいろいろなイベントをやっていて、参加できる。それは、日本とアメリカの学校の違いぐらいある。日本の多くの学校は、先生が来て、お言葉を聞きますということで、いかに我慢するのかが大事で、奴隷を作るにはものすごく便利。ああいう教育は、支配者にとって都合がいい。多くの子どもたちは、主体的に参加して自分たちが何かを変えていくっていう体験をしないから。アメリカの学校に行くと、たとえばいちばん最初にABCを教えるときには、「じゃあ、今日、自分の近所で何があったのかを書きましょう」と先生が言って、子どもたちは「何々さんがお父ちゃんに殴られました」「誰々さんがご飯を食べられませんでした」と書く。すると今度は、「じゃあ、それを手紙として書く訓練をしましょう」と。そして、「その手紙を教育委員会に出してみましょう」。出したら、「向こうからの反応を見てみましょう」。その反応を見て、「このように社会が変わりました」というプロセスを、言語の授業でやるわけです。つまり、社会とつながっているんですね。日本の学校にも教会にも、それがない。キリスト教の考え方というか、教会の運営も、日本的なお上が偉いという枠から出ていなくて、人間が神の下で平等だということすらできてない。教義としてはあっても、実際には違いますよね。

――韓国の教会はどうでしょう。

私が立ち寄った韓国の教会は、日本とは全然違いました。お祈りの時間になると、みんなが神様にガンガン文句を言っている。これは、神聖にして侵すべからずという天皇制のような発想ではなく、神が近くにいるからだな、と思いました。だから、ものすごく活気があって下町風。だからこそ宗教が生きているわけです。

日本の場合は、キリスト教も天皇制のような感じがする。天皇主義的キリスト教から出ていないから、いつまで経っても、対等とは何か、平等とは何か、教義とは何か、それをいかに伝えていくのかといったことに対して先に進んでいかないのではないでしょうか？

皇族化していく牧師とその家族

――この間、性的虐待や教会のカルト化など、牧師の不祥事が続きました。

牧師はビジネスマンで、不祥事を起こすものだというのは、韓国の友人がみんな抱いているイメージです(笑)。牧師というのは単なる役割であって、むしろみんなにとって大切なのは、教会という場であり、教えでしょう。「今はできなかったとしても、100のうちの一つは神様との約束だから、これだけは守っておこう」というような、生きていく上での基軸が大事なのでは？　でも、なぜか牧師まで神格化していく。清く正しく美しい牧師なんているわけないだろう、と思います。でも、牧師や神父の服を着ていると、善い人じゃないかと錯覚しますよね。お医者さんと一緒で、白衣を着ると立派に見えてしまう。官僚も一緒です。背広を着て何も言わないから、偉そうに、賢そうに見える。でも、話したら全然賢くないからね。牧師も、教義以外のこと話させたら、本当の姿がわかってしまう。

——学校の教師はだいぶ普通の人間だと認識されてきましたが、それから比べると、教会の牧師はまだ神格化されているという感じですか。

そのデザイン力の高さをうまく利用したのがナチス・ドイツでしょう。だから、デザイン力というものを、誰かを神格化するために使ってはいけない。教会に来ることによって、自分の気持ちが整理できる違う空間があるというのはいいことだけど、そこにいる牧師がその空間と一体化するというのはナンセンスですね。でも、日本的な文化では天皇制から抜けてないからそうなりやすい。いくら牧師がそう思わなくても、そうならざるを得ない。政治家は汚くてもいいが、天皇と牧師は清廉潔白でなければならない、と。神聖にして侵すべからず。それは教会にとって悲劇ですね。

——牧師やその家族というのは皇族に似ていると。

皇族はまだ金も力もあるからいい。牧師の妻は四面楚歌ですよ。逃げ場がない。それで壊れなかったら、おかしいじゃないですか。牧師の妻は近所の人に向かって、「お前なんか気に入らないから、さっさと出て行け」なんて言わないでしょう。でも、どんな人だって、近所に10軒あったら8軒は嫌いですよ。それは当たり前のことでしょう。嫌いな人と一緒に生きていて、それを調整していく能力を持つことが国際化なのに、絶対的に人を愛する人がいるなんて、あり得ないと思います。だから、牧師夫人はきっと苦しみがいっぱい溜まっていると思いますよ。お腹を切ったら罵詈雑言がいっぱい出てくるかもしれない。

――最近、牧師のＤＶが問題視されています。

人間は生きるためにバランスをとりますから。ストレスはどこかで爆発します。「牧師人間宣言」というのはどうでしょう。だいたい10年や20年、宗教をやったからといって、まともになるわけないんですから。人間はそもそも不完全なものですし。だから、「赦せ」って言われているけれど、「こいつだけは赦せねえ」という本音が吐露できるような媒体があったらいいですね。

時代遅れの特攻隊精神

――イエス・キリストについては？

正直に言うと、イエス・キリストって、「超ウマ（すごく美味しい）」とか、当時の生活者の言葉で話していた気がします。つまり、権威を感じない、誰にもわかる言葉で話していた。そうでなければ、短期間にあれほど大きな勢力になっていないと思います。もう一つ、色気があったんでしょう。この人なら、口説けばみんな落ちるだろう、という親しみやすさ。だからこそ、人々があんなに惹きつけられてきた。今でもそういうものは必要だという気がしてならないんですよね。だから今の教会は、今ここで生きる人たちの力になるように、しかもそれが普遍的な意味を持つように、聖書の言葉を翻訳していく作業が必要です。教会は自分たちの世界から飛び出て、社会に通じる言葉を語れる翻訳機能がないといけない。時代の流れをきちんと見抜ける情報分析、マーケティングは必要ですね。

――献身的に教会の一切のことをやるのが牧師だと。

それは特攻隊精神でしょう。教会は知覧（特攻隊の基地）じゃない。どんな時代でもマネジメント力がない人が組織（教会）を任されてはいけない。人の手を借りなければできないことばかりなんですよ。一人ひとりの手と手を結んでいく能力がなければ、救いを求める場である教会の運営なんてできない。牧師に必要なのは自分ががんばることではなく、マネジメント能力、説明できる能力を身につけて、ビジョンを示して人々をつないでいくこと。牧師ひとりの生産性なんか、たかが知れてます。毎週、同じ牧師の顔を見に行きたいと思えるほどの美男子ならともかく、教会は人が集まることにこそ意味がある。だから、人をつなげなくちゃ。今の学校運営と一緒ですね。企業研修もそう。昔は命令の仕方、報告の仕方を教えていたんですが、今はいかに手を取り合うか、仲間作りを教えています。そういう能力のない者はもう組織のリーダーにはなれない。

――しかし、企業の論理を持ち込むなという反発があるかもしれません。

それで誰も教会に来なくなったり、どんどん信者が減っていっても、なお形骸化した教義を保ち続ける？　善いことをやっていれば必ず人が来ると信じるのは「男」の論理。俺の顔色を見ろ、俺は善いことをやっているんだから、と。女はいつでも男の顔色をうかがうように訓練されているのに、男は女の顔色なんか見ない。男が偉いとされる集団は、奈落の底に落ちないと、自分がわからないのかも。

――女性教職の招聘を嫌がる教会がたくさんあるようです。

それは均等法違反ですよ。むしろ、女性牧師の教会で女性が楽しくしていれば、女性がたくさん集まって、そして女性が集まるところには男性がついてくる。そうすれば必然的に人が来るのに……。でも、今まで日本の企業でやってきた失敗事例を、そのまま教会に当てはめればいい。それで企業がどう変わってきたのか、あなたのところはどう変えていきますかと。

――パワハラ、セクハラに輪をかけて、牧師の後ろには神がいるので、批判もできない、抵抗もできない。だから、「問題を感じる私は信徒として信仰が足りない」と自分を責めると言われます。

それ、ドメスティック・バイオレンスを受けた女の人が「私の言い方が悪かったから」と言うのと同じですね。私もキリスト教のこと、ちゃんと勉強しないと、そのオッサンたちに勝てないかもしれませんね。

「Ministry」2010年夏・6号

7 ニセ科学もカルト宗教も楽しんで免疫を作る

山本弘

かつて、一見科学的に見える言葉やもっともらしい実験で、科学的なように見せかけた「ニセ科学」が一世を風靡した。いわゆる「トンデモ本」を批判的に楽しむ「と学会」会長の山本弘さんは、『ニセ科学を10倍楽しむ本』（楽工社）で、「水からの伝言」、「ゲーム脳」、「脳トレ」、「血液型性格判断」、「ホメオパシー」などと共に、原理主義的キリスト教である「創造科学」や「インテリジェント・デザイン（ＩＤ）論」も取り上げた。事実をねじ曲げる「ヘイトスピーチ」や歴史修正主義にも鋭い批判を加える。そこにはＳＦ作家ならではのこだわりがあった。

山本弘　やまもと・ひろし

1956年京都生まれ。78年『スタンピード！』で第1回奇想天外SF新人賞佳作に入選。87年、ゲーム創作集団「グループSNE」に参加し、作家、ゲームデザイナーとしてデビュー。2011年、『去年はいい年になるだろう』で第42回星雲賞を受賞。

◉文中に登場する著作

『神は沈黙せず』（角川書店、2003年）

21世紀に入り世界中で超常現象が発生。2012年、神がついに人類の前にその存在を示し、私の兄は「サールの悪魔」という謎の言葉を残して失踪した…。現代人の「神」の概念を根底から覆す長編エンターテインメント。

『ニセ科学を10倍楽しむ本』（楽工社、2010年）

一見科学的なようで確かな根拠のまったくない「ニセ科学」。日常生活や教育現場にまで入り込む「ニセ科学」にだまされないために、正しい科学の考え方を会話形式で楽しく学べる科学リテラシー入門。

オカルトからキリスト教へ いじめ体験から差別問題へ

――宗教やオカルトとはどういう接点が？

昔から超常現象には興味を持っていて、オカルト関係とかＵＦＯの本をたくさん買っていたんです。すると、どうしても宗教の問題に行かざるを得ない。キリスト教の本もいろいろ読むようになって、最終的には２００３年、『神は沈黙せず』（ＫＡＤＯＫＡＷＡ）を書くに至りました。この話は、旧約聖書のヨブ記が元になっているんですが、信徒の方はヨブ記をどう解釈するんだろうかという関心があって。実際に何冊かキリスト教関係の本を読みましたが、ヨブの考えが間違っている（正しい人でも災いを受ける）という解釈がどうも納得できなかったんです。

――ご自身の宗教的立場、信仰は？

まったくないですね。実家は仏教でしたが、宗教的儀式は葬式やお盆ぐらいしかやったことがない。むしろ無神論に近いです。

『妖魔夜行』シリーズ（ＫＡＤＯＫＡＷＡ）は、人間の想いが形となって妖怪が生まれるという話ですが、終盤でキリスト教徒の想いが集まって神が生まれ、ヨハネ黙示録に従って世界を滅ぼそうとする。これを書くためにずいぶん聖書関係の本を読んだのですが、やっぱりキリスト教を否定してはダメだと。どうやって落としどころつけようかと悩んで、最終的に、そういう終末の到来を願うような考え方はキリスト教の正しい教えじゃないという結論にしました。核戦争を待望する人たちが間違っているのであって、今のキリスト教徒の多くは世界の滅亡なんて望んでいないんだと。

――無神論でありつつ、宗教は否定しない。

宗教がなくていいとは思っていません。仏教でも、神道でも、人の救いになる宗教ならあっていいと思うんです。信仰によって人が救われるならそれは構わない。逆にそういうものを迫害する考え方は嫌ですね。もちろん宗教に限ったことではなく、政治思想に対してもそうですが、どんな思想を抱いてもいい。ただ、人を傷つけてはダメ。そこが最大のポイントだと思うんですよ。

――キリスト教に限らず、さまざまな宗教に興味を持って調べるというのと、信じるというのはまったく違う？

違いますね。むしろ、人はなぜこんなものを信じるのかという興味から入った気がします。はっきり言って、僕も10～20代のころはUFOを真剣に信じていたんですよ（笑）。それが、だんだん疑うようになって、これ嘘だよねと。そういうものを信じなくなっちゃうと、他のものも疑ってかかりたくなる。そういう気質が染みついていますね。

――「関東大震災の時の朝鮮人虐殺はなかった」という歴史修正主義や、根拠のない陰謀論に対しても厳しく批判しています。

子どものころ、いじめられっ子で、なぜ人が人を迫害するのかというのがずっと疑問だったんです。僕は在日コリアンでも部落出身でもないのですが、学校の中での差別のようなものはずっと感じていました。人間同士がなぜ同じ人間だと理解し合えないのか。

差別する人は相手が自分と同じ人間だと理解できていないと思うんです。宮崎勤事件以降は、オタクが標的にされましたが、やっぱりゲームやアニメに没頭している様子はハタから見ると怖いんでしょうね。

――別の著書で、「サバイバルゲームを楽しむ人たちが好戦的なわけじゃない」とも書いておられました。「ゲーム脳」もそうですが、同じようにゲーマーは危ないという思想は未だにありますね。

ここ数年で言うと、「艦コレ」（艦隊コレクション＝艦艇を萌えキャラクターに擬人化したブラウザゲーム）

ですね。右傾化の象徴みたいに言われますが、プレーヤーはちゃんとゲームと現実とを分けていますから（笑）。そういうことをちゃんと理解してもらわないといけない。

娯楽として愛でる宗教として信じる

——オカルトって、エンターテインメントとしてはすごく面白いじゃないですか。でも、信じるには至らない。この間には何があるんでしょうか。

怪獣の実在って誰も信じていないでしょう。いないとわかっているけど好き。とりあえず、そういうものがあったら面白いだろうけど、まあないだろうねという。

——でも、中にはそれが実在すると言い出す人たちもいる。

一時、『消えるヒッチハイカー——都市の想像力のアメリカ』（1988年、新宿書房）という本を読んで都市伝説モノにはまったんですが、それは信じる対象ではなく、「こんな面白い話があるよ」と共有するのが楽しかった。最近テレビでやっている都市伝説系の番組は、どこか胡散臭い。「こういうことが本当にあるかもしれませんよ」と紹介するんですが、「いや、ないから」（笑）と。基本的に都市伝説は嘘です。製作者サイドは楽しんで作っていても、見ている側が信じちゃう。「アポロは月に行ってない」という陰謀論だって、最初はバラエティ番組で紹介されていたんです。

——そのボーダーが曖昧ですよね。血液型と性格は一致するはずだと、根拠もなく刷り込まれている。都市伝説とかUFOなら弊害は少ないと思うんですが、科学的根拠のない民間療法とか「ホメオパシー」などは非常に危ういかと。

ニセ科学で言うと、EM菌（健康や環境問題の多くを解決できるとした微生物資材）はかなり危ない状況になってきていますね。養鶏業者がEM菌に殺菌能力があると思い込んで鶏小屋に撒いたものの、サルモネラ菌は減らなかったという事例や、「ＥＭ菌を使っているので卵アレルギーの人でも食べられます」と吹聴している事例など。本気で信じたアレルギー体質の人が食べたら、大変なことになります。こういう健康と直結したものはかなり危険ですね。

――山本さんの『ニセ科学を10倍楽しむ本』（２０１０年刊）にもありましたが、ニセ科学に対抗する方法はニセ科学を楽しんで知ることだと。カルト宗教にひっかからないようにするためには、カルト宗教に詳しくなることだと。

昔からオカルトものにたくさん触れてきた身からすれば、「あぁ、またか」となるんですが、免疫のない人たちは騙されやすい。オカルトを毛嫌いしている人が、ニセ科学にはまる。本のタイトルを『10倍楽しむ』としたのも、毛嫌いして拒否していたらデマを流す側の思うツボだから、楽しまなくてはダメだとの思いからです。

正義感には歯止めがない
リアルより「体感」を重視

――キリスト教系団体が関与したとされる神社仏閣などへの「油まき事件」が話題になりましたが、同じような思想（偶像を油によって清めるという考え）を持っている人は多いと思うんです。

どんな宗教にも原理主義的な思想を持つ集団は必ずあります。容疑者をよく知る人物が、「反日でやったわけじゃない。むしろ日本を愛して、善意でやっているんだ」と言っていましたが、決して悪意ではなく善意なんです。それが怖い。

――善意でやっているからこそ否定しにくいという。

『翼を持つ少女』（２０１４年刊）にも書いたんですけど、正義感には歯止めがない。自分のやっていることが間違っているなんて思っていない。ヘイトスピーチをする人たちも、あんなにひどい言葉でののしっていますが、あれも彼らなりの正義感だと思うんです。

——さらに、それに感化された人々が拡散していく。

もう一つ危険だなと思うのは、人の言うことを鵜呑みにする人が多い。「誰かが本でこう言っていました」「誰かがテレビで言っていました」という情報をそのまま信じてしまう。ちょっとネットで検索したらわかることなのに、ウィキペディアすら調べないんですよ。

——怖いですね。しかもそれを信じている人がいる。

たとえば「体感治安」という言葉があります。警察庁の統計では日本の犯罪率はどんどん減っている。2013年のデータだと、年間の殺人事件の認知件数が1千件を切ったんですよ。しかも警察の検挙率が100％を上回ったんです。要するに、殺人事件が前年より100件近く減少して、なおかつ前年の犯罪とかも検挙されている。

今の日本はとんでもなく安全な国で、しかもさらに安全になり続けている。にもかかわらず、日本人の中には治安が悪化していると思う人が多いんですね。みんな「体感」のほうがリアルだと思っているんです。本当は「気のせい」なんですが。

——それは何が原因？

一度「悪化している」と思っちゃうと、改善していると言われても信じられない。たとえば、嫌韓デマって多いですよね。何か事件があると、犯人は在日だとデマが流れる。あるいはゲームのせいで事件が増えていると思いたがる。彼らはそう思いたいんです。実際の治安と「体感治安」の落差を埋めたいので、現実のほうを過大にしてしまう。「体感」という概念から逃れられず、統計などを信じられない。

——もはや信仰ですね。

まさに。リアルな現実世界ではなく、自分の中のイメージを信じているというのが大きな問題だと思います。

——それはインターネットと関係がありますか？

インターネットって、デマは流れても、統計などの情報は断片的にしか流れないんですよ。なぜマスコミは、「日本の犯罪はこんなに少ない」と大々的に言わないのか。それを宣伝したら逆に犯罪抑止になるはずです。日本の警察はこんなに優秀だ、検挙率がこんなに高いんだと言ったら、犯罪は減りますよ。僕は日本をもっと安全な国にするためにも、日本が安全な国だとアピールしなきゃいけないと思います。日本の犯罪率の低さは誇るべきだと。愛国者は、日本を愛するならこれを誇れと。

「悪いことは悪い」滅亡を待望するのでなく

——キリスト教会や牧師に対しての要望などはありますか？

悪いことは悪いとはっきり言わなければいけない。人を傷つけたり、財産を奪ったりという行為は問答無用で悪いことです。だから神社に油をまくのも当然いけない。世界の滅亡も、これまで散々言われてきたのに一度も当たっていません。

これも僕の持論ですが、世界の滅亡を信じる人というのは、滅亡してほしいんです。世界を救うのが面倒くさい。地球温暖化の問題だって、非常に面倒くさいんですよ。だから、「××年に滅亡します」と言うと信じちゃう。そういう人たちにとっては、むしろ歓迎すべきことなんですよ。昔から、世界が滅びたらいいという宗教的な考え方はあちこちにあったのですが、いつまでもそれを引きずっていてはダメだと思います。それはみんな現実逃避だから。現実のこの世界はどうやったら救うことができるかを考えなきゃダメなんだと思うんです。神様が降りてきて、滅ぼしてくださるってことを考えていたらダメなんです。

「Ｍｉｎｉｓｔｒｙ」２０１５年8月・26号

8　日本的な宗教感覚があれば対立なきキリスト教になれる

安彦良和

テレビ初放映から40年を迎える日本アニメ史の金字塔「機動戦士ガンダム」。その作画・キャラクターデザインを担当した安彦良和さんが90年代に、イエス・キリストを題材にしたマンガを描き下ろしたことはあまり知られていない。『イエス』（日本放送出版協会）はマルコ、ヨハネの両福音書をもとに、架空の人物ヨシュアの目を通して「人間」イエスの姿を描いた作品。これまで歴史や神話をベースとする数多くの作品を手掛けてきた安彦さんに、キリスト教を含む、宗教に対する思いを聞いた。

安彦良和　やすひこ・よしかず

1947年、北海道生まれ。70年に上京し虫プロダクションに入社。73年、現在のアニメーション制作会社「サンライズ」に所属し数多くの作品を手がけ、『機動戦士ガンダム』ではキャラクターデザインと作画監督を担当。後に漫画家に転身、『アリオン』『ヴィナス戦記』を発表し、人気を博する。古事記をベースとした『ナムジ』をはじめ、描き下ろしのオールカラー作品『ジャンヌ』『イエス』『マラヤ』など、歴史や神話を題材とした作品でも独自の視点に定評がある。2001年から「ガンダム」を改めて漫画化し、当時のテレビアニメでは描ききれなかった内容も加え『機動戦士ガンダム THE ORIGIN』として連載（2011年完結）。06年からは神戸芸術工科大学の教壇に立ち、後進の育成に取り組む。1992年『ナムジ』で日本漫画家協会優秀賞、2000年『王道の狗』で第4回文化庁メディア芸術祭優秀賞を受賞。

脱宗教の視点から見るイエス

――『イエス』のあとがきで、お父様が「自称クリスチャン」だったと書いておられますが。

もともと北海道にはプロテスタントの教会が多いんです。留岡幸助が作った北海道家庭学校が僕らの町にあって、人口のわりには教会の数も多かった。父は熱心なほうだったと思います。でも、僕はなぜか教会に行っていない。親に愛されていなかったのかな(笑)。小さい頃なので、「おいで」と言われたら、ついて行ったと思うんですがね。もう80歳ぐらいになるいちばん上の姉は、今でも熱心に教会へ通っています。

――お父様はどこから教会に?

時代的なものもあったのでしょうが、キリスト教的社会主義に共鳴したんじゃないでしょうか。賀川豊彦をたいへん尊敬していて、私が子どものころは何かと言うと「賀川先生、賀川先生」って、知り合いみたいに言ってました。会ったこともないはずなんですが(笑)。

――その後、特にキリスト教と接点があったわけではないのに、なぜ『イエス』を描かれたのでしょうか。

どこか気になっていたんでしょうね。

キリスト教って実に不思議な宗教だと思うんです。言っちゃ悪いけど(笑)、歴史上、実にいろんな負の影を落としていると思うんですが、そういう問題は異端として排斥しちゃったりしているわけで……。それでもなおかつ、世界に冠たる宗教だという。ヨハネ・パウロ2世がそれらの問題にあえて言及したのは、たいへん勇気あることだと思いますが。

もうひとつ不思議なのは、日本人はなぜクリスマスや結婚式は大好きなのに、キリスト教を選ばないのかという点。そういう宗教に対する日本人としてのスタンスを確認してみたいという非常に失礼な動機なので、こんな話をしていいものか……。「教会をゲンキに」しないと思うんですが(笑)。

結局、キリスト教をどう考えるかということ抜きには、ほかの宗教のことも語れない。僕の場合、宗教にからめとられないよう免疫をつけるために考えるというか、その必要があるんじゃないかと思ったんです。『イエス』というタイトルがついていますが、要するに「脱宗教」なんですよね。その視点からイエスを見たらよくわかるんじゃないかと。ここで描いたのは、「イエスは人である。神の子でも何でもない。ましてや三位一体の存在でもない」ということ。

有史以来、そういう考え方はあったと思うんですが、それは異端として排斥されてきた。それがまず解せない。「神の子イエス」ということがいろんな矛盾をさらけ出すんだけど、それには目をつぶる。信者の方はそういう矛盾をどう考えてきたんでしょうか。

たとえば復活ということにしても、死体がなくなっていたということが復活の直接的な証拠になっているけれども、聖書ではそんなに神がかり的には書いていないんです。「マルコ伝」では、弟子が盗んだのかもしれない、と。

――それで、主人公がマグダラのマリアを悲しませまいと、咄嗟にイエスの遺体を隠し、「白衣をまとった若者」に扮するという結末を描いた。

それは大いにあり得るし、当時そういう噂も立った。だから、イエスのそもそもの姿は非常に素朴で、むしろ、もののよく見えた預言者がかつていたということでキリスト教が語られていけば何の問題もなかったと思うんですが、それは封印されて、奇跡の信仰になっていくわけです。

――イエス自身の教えや生き方については共鳴しておられるわけですね。

はい。実に偉い方だったと思います。だから、この人を尊敬しろと言われたら、まったく異存はない。

何という偉大な方であろうかと。ただ、この人を神とする宗教を信仰しろと言われたら、それは「どうなの？」という……。

「神様」になった富野監督の不幸

——「脱宗教」という意味では、神格化されたものの本質は実は違うところにあるというメッセージが、ほかの作品にも共通しているように思うのですが。

宗教というかたちになると、何となく全部ダメになるんです。社会主義も然り。『ナムジ』(徳間書店)などで描いた「古事記」もそうですが、2000年近くも系図を遡れる人がいるということは、それだけで畏敬の念を感じるに値すると思うんです。由緒ある家柄の人は尊敬していいじゃないかと。ただ、それが現人神とか天皇制というひとつの「宗教」になると、「天皇のために死ぬなんて冗談じゃない」ってことになる。その一線は常につきまとう。

だから、信じるということに対しては懐疑的になるんだけれども、一方で、畏れを知らないと人間はどんどん増長してしまう。無神論ほど怖いものはない。それは『ジャンヌ』(日本放送出版協会)のテーマでもあったわけです。

——宗教にも一定の意義はあると。

これまで、白か黒か、敵か味方かを峻別して、対立を煽るために宗教が機能してきた。宗教はそういう面を持たざるを得ないのかもしれませんが、本来は、区別するよりも、もっと根底にある「人とは何か」といったことを理解し、教え導くものだと思うんです。

特に日本人はキリスト教を「愛の宗教」と理解するけど、これだけ人を殺して「愛」と敵対してきた非情な宗教はない。本来は「愛と寛容」の宗教であるはずなのに……。

「それもいいか」という寛容さがあれば問題にならないはずです。日本人はいい加減で、かつては「宗教的にだらしない」と恥ずかしがっていたんだけども、むしろ日本人をこそ世界は鏡にすべきだと思います。クリスマスを祝った後、お正月に神社へ行って、お葬式にはお坊さんを呼ぶ。それでいいわけですよ。そうすれば喧嘩にならない。世界中が日本のようになればいいと思うんだけど、なかなかならない。

お釈迦様もマホメットも、キリストも親鸞も空海も、みんな偉い。それらをみんな認めれば、それでいい。「どれを選ぶか」と言うから、いけないんじゃないでしょうか。おそらく、そういう「偉い」人たちに共通するものがあると思うんです。それを理解しようとすれば、何の問題もない。

――雑誌『ユリイカ』（2007年9月号）の特集では、マニアの占有物と化した「ガンダム」や、神格化された富野由悠季《よしゆき》監督に対するアンチテーゼとして『機動戦士ガンダム THE ORIGIN』を描き始めたと語っておられましたが。

「ガンダム」なんて、ちゃっちいもの（笑）でさえ、カリスマ化して祀り上げられて、そういう機能が働くんですよ。だから、神様になっちゃった富野さんも不幸なんです。神がかったことのひとつも言わなきゃならなくなる。オウムの麻原彰晃なんかも、初めは面白いキャラクターにすぎなかったと思うんですよ。それを周りがおかしくしていくうちに、彼自身もあらぬことを言ったりし始める。直接話が聞けるうちはまだいいんですが、だんだん偉くなると、間に人が介在して、「こう仰っている」と伝達するわけです。直接聞きたいと言うと、「罰当たり」ということになり、それが階層にもなる。

――『イエス』と同じように、「ファースト・ガンダム」の登場人物の背景が改めて解説されているという印象を受けました。

「ニュータイプ」（従来の人類とは異なり、特異な能力を持った人種）という概念が出てきたことで、それが「ガンダム教」のようなかたちになっていくんだけど、それがいったい何なのかという問いかけなんです。あれは、富野が放映中に思いついた概念であって、最初からあったテーマではない。それをオタクたちが騒いだことで、「人間の革新」がガンダムの主題であるかのようになってしまいましたが、それは違うと。

では、ニュータイプという概念はどうでもいいものかというと、そうでもない。人間というのは愛すべき存在でもあり、困った存在でもある。人間中心になると、自然破壊なども含めて、ろくなことにならない。だから、人知を超えた何かに対して畏敬の念を抱くのは必要で、自らを諫める気持ちを持っていないといけない。

ニュータイプも、そういうことに気づくためのひとつの契機としてはあってもよかった。でも、それが宗教的なテーゼと置き換わってしまって、「恐れ入りなさい」と偉そうに言うのはおかしい。前述の『ジャンヌ』でも、奇跡をまったく否定してしまうと、「ただの作られた神話だ」とか「しょせんフランス・ナショナリズムの話だ」となってしまうわけですが、そうなるとあまりにも寂しい。

――バランスは難しいですね。

おそらくイエスという人もよくできた人で、人格的にも優れた人だった。でも、それだけだったら、どんなに祀り上げられても歴史には残らない。やはり、何か一線を越えたものをお持ちだったんだろう。

――その一線がニュータイプ？

百歩譲ってニュータイプというものがあり得るとしたら、そうなろうと思ってもなれない高みだと思うんですよ。学問の世界でも、ノーベル賞を取るような人は、普通の人が気づかないところで閃いたりする。同じように勉強したからって、みんなノーベル賞が取れるわけじゃありません。

殉教に対して沈黙する厄介さ

――新作の『麗島夢譚』ではキリシタン弾圧を背景として、天草四郎も登場します。

豊臣秀吉や徳川家康は、日本のためにならないと思ってキリスト教を禁止した。今までは「あの禁教さえなければ」という論理が主流でしたが、当時かりに「禁教」でなくても、日本がキリスト教国になるということはなかったと思うんです。万一キリスト教国になっていたとしたら、それはそれで不幸だったのではないかと(笑)。日本の良き宗教感覚が失われたかもしれないし、悪い言い方をすれば、精神的に植民地化されたかもしれない。

――2008年、長崎では殉教者の列福式がありました。『イエス』のあとがきでは、遠藤周作への批判として、「『殉教』が象徴する強い行いを本来のイエスの教えとは無縁のものとして斥けない限り、弱い良心の美学は理不尽な『強さ』に対する負い目から逃れられず、……ますます自虐的にいじけていかざるを得なくなる」と書かれていますが。

殉教という行いを前にすると、みんな黙ってしまいますが、それはよいことではない。殉教であれ何であれ、死というものを盾にとって「できない者は黙れ」と言うのは、あらゆる間違いの最たるもの。それが非常に高潔な問題提起のように取られがちだから、厄介なんです。戦争での特攻精神などもそうです。「国のために死んだ英霊に対して何と心得るか」と言われると、何も言えない。

特にキリスト教に関しては、日本人の中に「迫害した」という原罪意識のようなものがありますが、それは和らげたほうがいいのではないかという思いがあります。日本においてキリスト教は弱者ですが、世界的には強者です。弱者に対する負い目ということでキリスト教を見ていると、大事なものが見えないんじゃないかと思うんです。

――日本が誇る文化としてアニメーションが注目され、一時は「マンガの殿堂」構想なども話題になりましたが。

サブカルなんてゴミなんですよ(笑)。「ガンダム」が放映された当時は、「アニメなんて大人が見るもんじゃない」と言われていた。そんなものをお役人が見たら、捨てちゃいますよ。捨てられても文句を言えないようなものが、サブカルの中にはいっぱいあるわけで、基本的にお行儀が悪い。ただ、ゴミの中に時々面白いものがある。そういうものだということがお役人には理解できないでしょう。そういう役割は好きな人に任せておけばいい。お役所が出る幕ではありません。

「Ministry」2010年冬・4号

9

天国があるかどうかを知ることは、生涯最後の楽しみ

里中満智子

高校2年でのデビュー以来、『天上の虹』など数々のヒット作を生み出してきた漫画家の里中満智子さん。これまで独自の視点と手法で、歴史上の人物や古の神々をめぐるドラマを描いてきた少女マンガ界の「巨匠」が、満を持して挑んだのは「旧約」の世界だった。幼いころから読みこんできた聖書への「愛」を、存分に語ってもらった。

里中満智子 さとなか・まちこ

1948年、大阪市生まれ。16歳のとき『ピアの肖像』で第1回講談社新人漫画賞を受賞、高校生活を続けながら作家生活に入る。その後、『あした輝く』『姫がいく！』の両作品で講談社出版文化賞を、82年『狩人の星座』で講談社漫画賞を受賞。マンガジャパン事務局長、（社）日本漫画家協会常務理事、大阪芸術大学芸術学部キャラクター造形学科教授などを務め、創作活動以外にも多方面で活躍中。主な作品は『アリエスの乙女たち』『海のオーロラ』『あすなろ坂』など多数。近年は『ギリシア神話』『名作オペラ』などの古典に取り組む。持統天皇を主人公とした『天上の虹』は20年以上にわたり執筆し続けている。

【マンガ旧約聖書】

2011年4月、6月、8月に中央公論新社から発行された書き下ろしシリーズ。旧約聖書を読んだことのない人も、楽しみながら把握できるよう配慮されており、各章末には、筆者自身が登場し、読者の素朴な疑問に答えるというおまけが付いている。

10代に読んで以来ずっと書きたかった

――今回、「旧約聖書」をマンガ化するに至った経緯を教えてください。

小さいころから聖書の物語に親しんでいたんですが、ちゃんと読んだのは高校生になってからです。当時は「十戒」や「ベン・ハー」など、アメリカで盛んに映画化されていたので、知識として知っておかなければという思いで読んでいました。でも、延々と系譜なんかが出てきてなかなか前に進まないんです。

その後も、節操なくいろんな宗教とか伝承に興味をもって調べたりしていたんですが、10代、20代で抱いた好奇心が熟成されてきて、やっぱり生きている間にいつか書こうと考えていました。古代エジプトを描く『アトンの娘』（1994年～）に続いて『オリュンポスの神々――ギリシア神話』（2006年～）、『ブッダをめぐる人々』（2006年～）を書き終えたころに、周りからも「次に書くのは聖書じゃないか」と勧められて、書くことになったんです。

「知恵の宝庫」としての聖書「見られている」という感覚

――聖書を改めて読んだ印象は？

単純なんですけど、昔の人はみんな大変だったんだなと（笑）。それから、約束の大切さですね。私たちは日常生活でつい気軽に約束してしまうんですが、当時は命がけで真剣に約束しなければならなかったわけです。でも、人間ってつくづく愚かで、同じ過ちを繰り返して、すぐに約束を破ってしまう。そのたびに「主《しゅ》」はお怒りになるんだけど、人が良いもんだからつい、もう一度チャンスをやろうと。でも人間は、後悔はするけど反省はしていないから、のど元過ぎれば熱さを忘れる。旧約聖書って、結局その繰り返しですよね。

それを戒めるために、昔こういうことがあって、だから私たちは心しなきゃいけないということを、先人たちが書き残したんだと思うんです。だから、人間が犯しがちなあらゆる行為がたくさん書いてある。いろんな失敗談が網羅された知恵の宝庫だと思います。

現代人の常識で考えたら１２０歳以上生きたとか、老人になってから子どもができるとか、あり得ない話として切り捨てられるかもしれませんが、伝えたかったのはそういうことじゃない。聖書がずっと残ってきた理由は、苦難に対する忍耐とか信じる力、約束を守る力を伝えたいという普遍的な願いがあったからだと思います。

――ご自身の信仰的立場は？

私自身、絶対的にそれに従って生きようというほどの信心は持ち合わせていないんですが、どこかで自分を律する戒めとか、生きていくうえでの物差しにはなっていると思います。

キリスト教は、しばしばイスラム教と対立しているように見られがちですが、解釈の違いはあるにしても、人間が本能的に持っている畏れとか、信仰心とか、さかのぼれば共通点はたくさんあるわけで、むしろそこに何らかの救いがあるのかなと。

小さいころは、母も何気ない気分で教会に行っていて、私も訳もわからず一緒に連れて行かれていたんです。イエス様の生涯を描いた絵本などを読みながら、「敵を愛せ」とか「右の頬を打たれたら左の頬をも差し出しなさい」という教えを知って、子ども心に、こういう生き方ができたらどんなに気持ち良いだろうかと思っていました。

いまも何か特定の宗教を信じているわけではないんですが、人類が培ってきた宗教観はすごく大事だと思いますし、自分が気づかないだけで、本当は別の次元に何か大きな存在が私たちを見ているかもしれない。だから誰も見ていないところでこそ、きちんと過ごさなくちゃという感覚は、小さいころからありました。そういう存在がないと思える人は楽かもしれませんが、ないという証拠はありませんからね。

――宗教の役割についてどうお考えですか？

人類が宗教を持つ理由は二つあると思っていて、一つは「なんでこんな目に遭わなきゃいけないんだろう」という天災とか理不尽なことを、「自分のせいじゃない」と納得して前に進むための機能。もう一つは、自分を誰かが客観的に見ている、誰かに見抜かれていると思うこと、そう信じることで自らブレーキをかけることになる。人間って、つい放っておくとずるいこととか楽なことに走るんです。

現代では、すぐに「癒し」とか「救い」が宗教だと思われがちですが、そんなことはない。むしろ自分の本性が何者であるか、自分だったらどうするかを考える道筋だと思います。旧約聖書に登場する数々のどうしようもない人々の姿を見て、みんな自分じゃないと思うんですよ。でも、同じ過ちを犯さないという保証はどこにもありません。

――そうした宗教観はどこから？

昔から本好きで本ばかり読んでいたので、その辺りでしょうか。答えはいつも本の中にあったんです。死ぬのが怖くて、死んだらどうなるんだろう、とかばかり考えていた時期があって、そのときも永遠の命を持った不老不死の辛さを本を読んで考えた。死ぬからこそ次の命がある。じゃあ、死ぬっていうことを受け入れていこうと。

死んだ先が地獄か、天国かは誰にもわからないわけですが、それを考えることで一種の精神的な安定と、自分を律するという効果を得たと思います。だから宗教観って大事にされるんだと思うんですけど、天国があるかどうかは、死んだ次の瞬間にわかるわけでしょ？　私自身、もうじき死ぬという最期の瞬間まで、安心して死んでいきたい。死んだ後が楽しみだと思いながら死にたい、という非常に利己的な動機があるんです。確認できても報告はできないんですけど（笑）、それが自分への最後のご褒美だと思っています。

イエスは白人か？　新約聖書への思い

——実際に聖書の舞台となった地域にも行かれているそうですね。

エルサレムの聖墳墓教会にも行って、世界中のキリスト教徒の方々が、入れ替わり立ち替わり熱心にお祈りする姿も目の当たりにしました。

聖書の舞台となった地域に共通しているのは、昼と夜の寒暖の差の激しさとか乾燥のひどさとか、荒涼とした砂漠とか、頭がくらくらしそうな暑さとか……。息をするのも苦しいぐらいの土地にいると、この世に生まれてきたことがそもそも天罰としか思えないんですよ（笑）。あそこで生まれて育つ人々の、ある種の覚悟ってあると思うんです。試されていると思えるからこそしのげるみたいな。

——イエス・キリストについてのイメージは何かお持ちですか？

イエス自身の生涯をとおして語られる福音書のメッセージって、信じる力だと思うんですよ。たとえば数々の奇跡にしても、ただ表面的に「奇跡を起こしたからすごい」というと、超能力信者になっちゃうわけです。そうじゃなくて、この人に触ってもらったら治ると本気で信じたときに、本来持っていた治癒力が高まるという科学的な根拠はあると思います。拠りどころになる何かがあると、助けになる。どういう方だったかわかりませんが、やはりそれを信じさせたのはイエスの人柄だと思います。

ただ、私が気に入らないのは（笑）、ヨーロッパの絵画では、どれを見てもイエスが西洋系の白人に描かれている。そこに、ヨーロッパ人の持っている「理想的人間像＝白人」みたいな意識がある。確かに、当時の風習からするとひげを生やして長髪だったとは思うんですけど、白人かどうかはわかりません。

この『マンガ旧約聖書』では、意図的に金髪の人物は描いていません。もちろん漫画ですから、それぞれキャラクターとしてかなり自由に描いています。他にも当時の服装とか髪型とか、家具とか建物とか、時代考証には苦労しましたが、楽しかったです。

――今後、『マンガ新約聖書』を書かれる予定などはありますか？

作者が納得していないことって書けないんです。「旧約」の場合、「さもありなん」とか「これひどすぎない？」とか思いながらも、この物語が廃れずに残っていることに意味があるんだと思って、宗教的解釈を入れず、私自身が感じている人類共通の原始的な宗教観として書いたので、ある意味楽でした。でも、新約では宗教的解釈が必要になってきますし、なかなか自分の解釈に自信が持てないですから、とんでもない間違いをしそうで……。

ただ、「期待はずれだ」と言って「救世主」を責める民衆の物語は、とても今日的だと思います。イエスを十字架にかけた人たちも、たとえて言うなら、私たちはオリンピックで金メダルを取ってくれる人を待っていたのに、「参加することに意義がある」みたいなことを言われて反発したわけでしょ？　勝手に期待し過ぎるとその反動が大きくて、結局は身勝手な民衆がイエスの処刑を許した。そういうことは現代でもたくさんある。物事を決定づけるのは民の声なんです。ところが当の民衆は、無責任にも「自分には関係ない」とか、「あの人たちが決めた」となってしまう。

遠藤周作さんが描かれた処刑前に揺れ動くイエスとか、処刑を宣告しなければならない役人の葛藤とか、すごく共感できるんです。イエスだって肉体的苦痛はあって当たり前だし、ここで命を絶たれるより、ずっと語り続けたかったと思うんですよ。怯えて散り散りに逃げた弟子たちとか、ユダの気持ちもわかる。ユダを主人公に描いたら、いいドラマができそうな気もするんですけどね。

聖書は差別的か？ 男女の悲哀を考える

――「旧約」の物語は「男尊女卑」だと批判されることがありますが、女性の立場からいかがですか？

世界史の表舞台に男ばかりが立ち続けて、男に任せていたから男の解決手段である戦争がなくならない。だから私たちが大人になるころには、女がもっと力を持たなきゃいけないと、放課後によく女子で結束したりしてました（笑）。

でも、なんで戦争が起きるか、さかのぼって考えると、人類が火を使うようになって稲作が発展すると、乳幼児の死亡率が低くなる。人口が増えると、土地や水が必要になり、隣接する集落とぶつかるようになる。人間は他の動物と違って、乳児が未完全な状態で生まれてくるので、母親は子どもが立って歩けるまで授乳をしたり、ご飯を食べさせたり、子育てに専念せざるを得ない。それを守ろうとすると、男が獲物を取ってきて、直接的な力で戦うしかない。

人類が生き長らえるためには、男が戦うしかなかった。そう考えると、男も大変だったんだなと。農耕民族の時代、女には生き延びる機会がありましたが、戦争で殺されるのはたいがい男でしたから。女のくせに男の肩を持つのかと言われるかもしれませんが、それぞれが違っているからいいと思うんです。聖書に限らず、人類が語り継いできた物語を「近代的でない」「民主的でない」というだけの理由で排するのは賢明ではありません。

ただ、キリスト教的考えでは生殖を目的としない男女関係に厳しいですよね。かつては子どもたちが幼いうちにたくさん死んでいましたから、子どもが産める体なのに産まないというのは、天の配剤に背くことだという意識が歴史的にあったと思うんです。それは、種族を維持するための知恵としてはいたしかたないかもしれません。だから、キリスト教社会でセクシュアル・マイノリティの方が声を上げるのは、一般の方の何倍も大変だと思います。

子どものできない女性のいたたまれなさもあると思うんです。私の個人的な体験で言うと、結婚していた当初、子どもがたくさんほしくて、結婚してすぐ子どもができると思ったらできなかったんですよ。検査をしたら生まれつきだということがわかったんですが、できる前に離婚してしまって。そうか、「旧約」の時代だったら、私もクズなんだと(笑)。

現代人にとっては子どもがいなくても生きる意味はあるんですが、おそらく昔の人にとって子どもが産めないという欠落感は、いまの何倍もあったと思うんです。その苦しみが、旧約聖書の「不妊の女」をめぐる一連の物語を生んだんだと思いますね。

でも、「子どもができないのはあなたが愛していないからよ」と女性に言われてしまったら、男性はどうしようもないですよね。その辺は、紀元前の物語ですが、全然古臭くないと思います。

「震災後」の日本で厳しさを引き受けて生きる

――日本のキリスト教に対するイメージはいかがですか?

日本人は、古い考えでも一応とっておくという傾向があります。日本にキリスト教が入ってきたのは、戦国の名残がある時代ですから、権力者にとっては統治の邪魔になると考えられていました。でも、織田信長は新しい物好きで――傍にいたら性格的にはお付き合いしたくない方なんですけど(笑)――、グローバル化ということを考える視野の広さを持っていたので、むしろ西洋文化を吸収したいという思いで寛容だった。それが今度は、貿易を重視しない政権に変わると、目の敵にされる。心のありようで死後に救われるかどうかが決まるという思想は、封建制の社会にはそぐわないわけです。

そうしたなかで、信仰を捨てなかった方もいる。日本のキリスト教の歴史で、子どもも心に怖かったのは「踏み絵」です。当時は、ただの物なんだから踏んじゃえばいいのにと思っていたんですが、彼らは踏むことによって現世での災難を逃れようとはしませんでした。その辺の己に対する厳しさが、清らかさにもつながると思うんですよ。

できれば楽に死にたいと誰でも思いますが、それでも自分は踏むことを選んで、そのことによって魂が汚れなかったという清々しさと共に死んでいける。それが、人の行動を律する根源だと思うんですよ。何か大いなる力でこの世に生を授けられたと思うことによって、何かを我慢したり、何かを犠牲にしたりして乗り切る。その充実感ってすごいと思います。

イエスやマリアの像を踏まないことを選ぶというのは、決して天罰を恐れるわけじゃなく、むしろそれほどの強い信仰だったということ。いろんなエピソードが加わって美しい話として語られますが、違うと思うんです。

非常に厳しい人生の選択だと思いますが、多かれ少なかれ、誰の人生にもやってくる。そのときに、自分が助かりたいからといって踏むのか、踏まないのか。己のためにしていいのかと問われることは、毎日のようにたくさんあります。

——震災後、まさにそうしたことが問われていますね。

東日本大震災だって、天罰じゃないですよ。地震は自然のすることですから。でも、自然災害の苦しみって、みなさん「仕方がない」っておっしゃるけど、それがかえって辛いんです。人がしたことなら人を恨めるんですが、自然相手には怒ることができないので、気持ちの持って行き場がない。「仕方がない」だけでは、人はなかなか気持ちが切り替えられません。

いろんな不安があふれる時代に、すがりたいからとか、救ってくれるから、癒されるからというのは、結局自分のためでしょ?　でも、真の宗教心って非常に厳しいもので、その厳しさと気持ちよさを味わうと、人生の醍醐味はこれだなと思えるわけです。

自分が試される。それでも、何か大いなる力が見ていると信じて乗り切れる。厳しいけど、強く美しくいられる。これが、本当は素敵な充実した人生だなと。これを積み重ねて、最後に一番の楽しみが待っていると思えば、たいていのことは何てことないですね(笑)。

「Ministry」2012年冬・12号

10

〝大使〟として、母として——子どもたちの現実を考える

アグネス・チャン × 酒井美紀

21世紀を迎えてもなお、変わらず横たわる飢餓と貧困という地球規模の難題。厳しい現実に日々向き合ってきた日本ユニセフ協会とワールド・ビジョン・ジャパンで〝大使〟を務める2人が、その目で見た子どもたちの実情を分かち合いながら、子をもつ親として、一人の女性として、この地に生かされた者として、何ができるかを語った。カトリック信者でもあるアグネスさんは、一般のメディア向けにはあまり語ったことがないという自身の信仰との関わりについても打ち明けた。その姿勢に、酒井さんはどんな刺激を受けたのだろうか。

酒井美紀 さかい・みき

1978年、静岡生まれ。95年、映画『Love Letter』で女優デビュー。96年放送のフジテレビ系ドラマ『白線流し』と続く同シリーズの主演で脚光を浴びる。2008年に結婚、10年には長男を出産。07年から、途上国の子どもたちを支援する国際NGOワールド・ビジョン・ジャパンの親善大使を務める。主な出演作に『誘拐』(1997年)、『愛する』(1997年)、『さまよう刃』(2009年)など。著書に『酒井美紀の場合——しあわせミキペディア』(東京書籍)。

アグネス・チャン

香港生まれ。1972年「ひなげしの花」で日本デビュー。上智大学国際学部を経て、カナダのトロント大学(社会児童心理学)を卒業。85年、北京チャリティーコンサートの後、エチオピアの飢餓地帯を取材して以来、芸能活動の傍ら、社会貢献活動も積極的に行う。歌手、エッセイスト、教育学博士。『みんな地球に生きるひと』(岩波ジュニア新書)、『しあわせを見つけるマザー・テレサ 26の愛の言葉』(主婦と生活社)、『ブータン 幸せの国の子どもたち』(東京書籍)など著書多数。1998年から日本ユニセフ協会大使。

目の当たりにした世界の現実

――まずは、それぞれ「大使」として訪れた海外の様子から教えていただけますか。

アグネス 2013年に横浜で行われた第5回アフリカ開発会議（TICAD）にあわせて、ナイジェリアのラゴスを視察してきました。アフリカでも最大の人口を擁する地域で、年率10％を超える経済成長の中、急激な人口増と貧富の差の拡大が続いています。7割が1日1ドル以下で暮らすという貧困層なので、状況は非常に厳しかったですね。ナイジェリアは北部で干ばつがあり、36州のうち2、3州で内戦に突入しています。誘拐、殺人、強盗も絶えません。汚職も含め政府の仕組みを変えて、貧富の差が解消されないかぎり、多くの国民の生活は改善されないでしょう。日本も実りある援助の仕方を考えなければいけません。

酒井 私は子どもがまだ小さいこともあるので、定期的に海外に行っているわけではありませんが、ワールド・ビジョンの関係ではインドに行く機会がありました。日本のODA（政府開発援助）が整備した下水処理場も見たのですが、それをうまく活用するのが難しいんです。下水処理場を有効に使うには、トイレを設置して、それを現地の方々が使わなければなりません。ところが、トイレを使ったことのない人々がトイレで排泄するというのはとても難しい。良かれと思って施設を作っても、住民一人ひとりの意識を変えていかなければ機能しないという現実を知らされました。結局、バナナの倉庫になってしまったり……。現地の意向と調整しながら、一方通行にならないように地道な活動が大事だと思いました。

アグネス ユニセフも、上下水道の整備には力を入れてきました。子どもは水の環境が悪いとすぐ病気になってしまいます。簡易トイレを設置して、下水と上水が混ざらないような知識と技術を伝え、実際にトイレも増えました。ただ、インド南部のムンバイもナイジェリアも、貧民街《スラム》があるような都市部では下水道の整備が進まず、深刻ですね。さらに、トイレ以前の問題として、飲み水のない国も多い。世界では子どもの5人に1人が、一度も安全な水を口にしたことがありません。

酒井　やっぱりアフリカが多いんですか？

アグネス　多いですね。ブータンとかカンボジア、ミャンマー、バングラデシュ、パキスタンなど、南アジアもまだまだ多いですね。水汲みに行くだけで半日かかって、往復で1日が終わって、大事な子ども時代が失われてしまうんです。安全な飲み水を確保するために、私たちはこの40年間で「井戸を掘る団体」になりました（笑）。難民キャンプを設置するにも、井戸水がないと作れません。子どもの命を守る上で、下水も上水も欠かせない問題ですね。水がきれいな山間部などは、案外、子どもたちの感染症などの心配がないのですが、ムンバイのスラムなどは雨が降ると増水して、汚水が上水に混じります。それを飲んだ子どもたちが病気になって、死んでいくということを繰り返すわけです。トイレに関して特にインドは複雑で、一部の人がトイレを占領してお金を取ったり、逆に汚いトイレに入って気分が悪くなったり……。おそらく、トイレがきれいでちゃんと流せればみんな使うはずなんです。

酒井　そうですね。

出口の見つからない課題

――設備の問題と共に、意識の改革も課題ですね。

アグネス　子どもたちの未来を考えると、教育は最大の希望です。ユニセフでは、さまざまな国で義務教育を推進してきました。政府が責任をもって受け皿を作らなければ、義務にはできません。私が日本ユニセフ協会大使になったのは1998年ですが、当時から比べれば小学校の就学率は世界的にもかなり改善してきました。次の課題は、学校に入ってもやめさせないことです。子どもが8、9歳になると、特に女の子は、親が家の手伝いをさせるためにやめさせちゃうんです。

ナイジェリアも義務教育ですが、小学校は6割の子どもしか通っていません。中学校になると2割です。学校の質も問題ですね。今回訪ねた公立学校は、最大で1クラス180人ですよ。

酒井　ええ〜？

アグネス　先生もぐったり、子どももぐったり(笑)。これじゃ正直いって何も勉強できません。もちろん備品が買えなくて学校に行けない子もいるんですが、ただ学校に行かせるだけではいけないなと、改めて思いました。せめて自分で勉強して、読み書きができるようにするのが大事だなと。

もう一つ、男女の就学率を平等にしたいという目標も達成できていません。女の子が学校に行けていないというのも大きな問題ですね。

酒井　子どもたちは勉強したいと思っているんですが、実際に生きていく上で、その日働かなければ食べていけないという家族も多いわけです。教育が大事だとは思いつつ、明日食べるものがないからといわれれば、学校に行きなさいとはいえない。親が働いて、子どもを学校に行かせられる環境を作ることも必要です。地域によって状況は違うと思いますが、インドでいえば、仕事のない女性が職業訓練で技術を身に付けて物を売るとか、日本の養蚕技術に学ぶとか……。子どもの教育と親の仕事は密接につながっているので、そうした側面も含めて根本的に解決しないと、生活水準は改善しないと思います。
以前、テレビ番組の取材で、フィリピンの「スモーキーマウンテン」(煙の山=ごみ集積場)で資源ごみを売りながら家族を支える女の子(当時11歳)と出会いましたが、彼女も本当は勉強がしたくて、英字の雑誌などを見つけると家に持ち帰って読んだりしていました。2年後、再会したときに聞いたら、学校には一度行ったんですが、「くさいから向こうへ行け」といわれたり、差別されたりして、結局行けなくなってしまったそうです。本当に複雑な問題ですよね。

アグネス　私も「スモーキーマウンテン」は何度も行きました。フィリピンは特にストリートチルドレンが多く、児童買春、児童ポルノの問題に直面したときは、本当に辛かったですね。子どもを餌にして稼ごうとする大人たちもいるし、仕方なく体を売る子どもたちもいる。出口が見つかりません。教育の水準は高いほうの国だと思いますが、受け皿がない。仕事がないので、出稼ぎで稼ぐしかない。国の収入の大半は出稼ぎ者からの仕送りです。カトリック国ですから、家族の人数も多い。両親が海外で出稼ぎをして、祖父母が面倒を見ているという子どももたくさんいます。でも、責任をもって仕送りをする親ばかりではなく、逃げてしまう親もいます。
今までは政治も不安定でしたが、工場ができて地元の仕事も増えれば、改善の余地はあると思うんです。出稼ぎで海外に出ざるを得ない人々が自国で働けるようになれば、子どもの状況は改善されるはずです。上に立つ人間が良心的に動いてくれるかどうかにかかっています。

世界の現実をどう伝えるか

――そうした世界の現実を、日本では想像しにくいと思うのですが、どう伝えればよいでしょうか？

アグネス　ユニセフの場合、職員やボランティアが全国の学校を回って出張授業をしながら、子どもたちの意識を高めて自発的に何かに取り組むというプロジェクトを展開しています。日本の子どもたちは興味を持って勉強してくれていますので、大人になったら期待できると思いますよ。大震災のときには、海外の子どもたちと手紙のやり取りもしました。海外の子どもたちにとっては、地震や津波が想像できません。でも、そうした交流をとおして、食事もままならない子どもたちが、遠く日本のことを心配してくれたり。そういう積み重ねが大事ですね。あとは私たちのように、会う人、会う人に根気強く話し続けるしかないですね（笑）。たとえ記事として載せてもらえなくても……。

酒井　本当にそうですね。地道に話していくしかありませんね。メディアの力を借りて、視覚的に見せるという方法もあると思うんですが、結局実感しないと意識って変わらないですよね。かといって、みんなが現地に行けるわけではありませんので、聞いた方の頭の片隅に残ってくれたらいいなという思いで、見てきたことを伝えていくしかないですね。

アグネス　やり方はいろいろあるんですが、たとえば20人の子どもたちに1枚のクッキー、1人の子どもに20枚のクッキーを渡して、発展途上国と先進国との違いを体感させたりします。そうすると、子どもたちは「ええー？　これしかないの？」とか「こんなに食べ切れないよ」「もったいなーい」とかいいながら、すごく理解してくれますね。

酒井　ワールド・ビジョンでも、スタッフが帰国した折には報告会をしたり、現地の生活を体験できるイベントなども定期的に開催しています。ただ、そのイベントをお知らせするのも難しいですよね。知らなかったから行けなかったという方もいらっしゃるので。私たちにも限界があって、イベントに大人は来るんですが、なかなか子どもたちは集まりません。やっぱり、学校の中で積極的に世界の子どもたちの現状を伝えるプログラムがあるといいなと思いますね

アグネス　私の子どもが行っていた学校は、毎年牛乳パックに1円を集めて持って行こうという取り組みをしていました。他にも、「ユニセフクラブ」のある学校では、劇や歌を作ったり、募金したり、絵を描いて展示したり、いろいろ工夫して考えてくれています。

母として、親としての思い

――お子さんを育てるようになってから、意識は変わりましたか？

酒井　大使を始めたころはまだ結婚もしていなかったので、だいぶ変わりましたね。子どもを産んでからは、胸が苦しくなるぐらい、より世界で起きている現状を深く感じるようになりました。本当に何とかしなくちゃとか、そういう思いは独身のときより、ずいぶん強くなりましたね。

アグネス　きっかけは、結婚前に24時間テレビで訪ねたアフリカだったんですが、自分が母親になって、現地の母親がどんなに大変かがわかるようになりましたね。もちろん私たちも子育てが大変だといいますが、そんなことはない。世界の母親に比べれば、こんなに恵まれていることはないですよ。コンビニがあって（笑）、熱が出てもすぐ病院に行ける。親の苦労や子育てのプロセスがわかったおかげで、援助の仕方にも口が出せるようになりましたね。昔から小さい子どもは好きだったのですが、母親との連帯感は一層強くなりましたね。

――その苦労は、お父さんにも理解できるものでしょうか?

アグネス　お父さんも大変ですよ。だって、家族が飢えて待っているんですよ。何も持って帰れない気持ちがどんなに辛いか。結婚すると、そういう気持ちもわかりますよね。文句をいっているお母さんより、もっと大変かもしれません。ですから、全体を改善しなければ、実際に子どもは救えません。

ただ、10年ぐらい前からユニセフは方針を変えて、家の主を男性にしなくなりました。キャンプで男性に支給した物は、必ずしも家族に渡るとは限らない。市場で売ってさらに増やそうとか、男って余計なことを考えるんです(笑)。母親に渡すと円満です。子どもにも渡りますし、お父さんも食べる物がないので帰ってきます。

酒井　それは本当に画期的なアイデアですね。

アグネス　男も辛いでしょうけどね。そういう気持ちもわかるんですが、子どものため、全体の底上げのために、女性をエンパワーメントする(勇気づける)というのが大きなポリシーの一つです。

支援の背景にある生い立ち

――ワールド・ビジョンに関わるようになった契機は?

酒井　もともと、山崎製パンのコマーシャルをしていたのですが、社長が敬虔なクリスチャンだったこともあって、毎年夏のチャリティーコンサートで司会をさせていただいていました。そのときに、ワールド・ビジョンの方も聞きにいらしていて、2005年に番組でフィリピンに行ってから、日本にいながら何かできないかと考えて、ワールド・ビジョンのチャイルド・スポンサーになったんです。それが最初ですね。

――アグネスさんはカトリックの信仰をおもちですが、ユニセフでの活動と関係はありますか？

アグネス やはりクリスチャンなので、当たり前の活動ですよね。ただ、ユニセフ自体はイスラム圏でも活動をするので、宗教と無縁というのは大事なことです。神様の目から見れば平等ですし、みんな神様の子どもですから、私もキリスト教にならなければ救ってあげないという気持ちもまったくない。

ある意味では、勇気をもらっていますね。信仰があるので、同じ兄弟姉妹だから嫌われるわけがない、みんな友だちだと勝手に思い込んでいます。人の家にも勝手に上がりますし、赤ちゃんを抱っこして、勧められた物は何でも食べます。

よく「何で怖くないの？」と聞かれますが、それはやっぱり信仰があるから、神様に明日を任せている。キリスト教の媒体でなければとても言えないことですが（笑）、まだ用がある人間だったら生かしてもらえるだろうし、任せているから怖くない。病気があろうが戦時中だろうが、全っ然怖くないですね。

初めエチオピアに行ったとき、子どもたちが歓迎して踊ってくれたんです。当時、病気が蔓延していて絶対抱っこしちゃいけないといわれていたんですが、本当に死んでも構わないと思えるぐらいかわいかったので、抱っこしてキスしました。死んでも本望だと素直に思えた。多分そのとき、神様が私に命の意味を教えてくれたと思っているんです。命は一人で生きていても意味がない。みんなで一緒に生きているのはこんなに幸せ。一緒に生きる喜びを感じられるのは、一緒に死ぬ覚悟ができているから。そう思えれば、完全に自由ですよ。結局、下痢はしましたけど、死にませんでした。だから、任せれば大丈夫（笑）。

酒井 そうなんですね（笑）。素晴らしい。

アグネス　信仰がない人からしたらバカにしか見えないと思いますが……（笑）。

酒井　いえいえ。私は特に信じていないんですが、中学校のときに仲の良い子がクリスチャンで、教会の勉強会に誘われたり、ガールスカウトに参加していたときもあったので、生活の中で接点がなかったわけではないですね。でも、信じるものがあって強く生きられるのは素敵だなと思いますね。

アグネス　クリスチャンの中にもいろいろいると思うんですが、私は新しいタイプだと思います（笑）。聖書は旧約よりも新約が好きなんです。新約の神様は「愛」です。「あなたがどんな人でも、反省すれば愛します」と。

酒井　ああ、そういうイメージはありますね。

アグネス　神様を信じるというのは、大きい教会を作って、大金をささげて、お祈りをたくさんするということではない。いちばん弱い兄弟を愛することが、神様を愛する唯一の方法なんです。どんなに素敵な教えかと（笑）。これ、誰でもできることですよ。自分より恵まれていない人はいくらでもいます。それを愛することによって、神様を愛することができる。

――神様がいるなら、なぜこのひどい現実を放置するのかと、よく聞かれますが。

アグネス　それに私が答えられたら神様になってますよ。人間は愚かなので、解釈はできない。でも、きっと私にはできることがあるからこそ生かされているので、考えられることをやるしかない。もちろん、天国に行けるから信じるという人もいるんですが、私は天国に行かなくてもいいんです。毎日がご褒美だと思っているから、死んでからのご褒美はなくてもいい。地獄には行きたくありませんが（笑）、天使にもなりたくないし、神様に会えなくても十分幸せです。

人間がどう生涯をまっとうするかというのは、永遠の課題じゃないですか。それができなくて人生に迷い続けるという方もいると思いますが、私にとって神様を信じて歩いているのは大きな恵みだと思いますし、愛されているというのはそういうことだなと。もちろん大きな災害が起きると、「神様居眠りしているのかな」と正直思いますよ。なんでこの子はアフリカに生まれ、母親を亡くさなければならなかったのか……。神様に聞いてはいますが、答えはわからないですよね。

酒井　――逆に酒井さんは信仰をモチベーションとしていませんが。
生育環境は大きいと思いますね。割と小さいときから、小学校の近くに老人ホームや福祉施設があって、土曜日にお手伝いをしましょうとか、普通に生活の中でそういう活動が自然にできる環境でした。

助けるのに理由なんかいらない

アグネス　私も「なぜやるのか」とよく聞かれるんですが、海外では絶対聞かれませんよ。だって、困っている人がいたら助けるのは当たり前。そこに理由はいらないでしょ？　宗教は関係ないです。

酒井　そこは関係ないですよね。

アグネス　むしろやらないほうがおかしい。ボランティアをする人は「良い人」と言われたりする。かえってクリスチャンが懸命に説明をしなきゃいけない。説明しないとみんな納得しない。でも日本だって、田舎では当たり前のように助け合ってますよね。昨日も高知の山奥に行ったんですが、絆が強くて、みんな素朴で、天国に近い所だと思いました。

酒井　確かに地方に行くと、本当に助け合いの精神が強いですよね。

アグネス　日本人は照れ屋。本当はやっていても人にいわない。いって誉められたら困る。公の場で「大使」をしたりしていると、勇気があると思われてしまうかもしれませんが。

酒井　人にいうと自慢に思われるんじゃないかとか。

アグネス　ユニセフは36カ国に民間募金の協会がありますが、日本は募金額で一番です。みんないわないだけで、していると思います。

もちろん、支援の方法は募金以外にもたくさんあります。外貨の仕分けなどもみんなボランティアです。すべての人が世界の子どもたちに関心を寄せるのは無理でも、いろんな参加の仕方があるので、自分の関心がある問題について、信頼できる団体を通して、それぞれの仕方で支援すればいい。やればやるほど、人生に意味が出てくると思います。そうすれば、本当に楽しいですよ。もちろん迷うし、挫折することもありますが、人のために一生懸命考えて動いたことは、必ず自分の恵みとして戻ってくる。無駄なことは何ひとつありません。

酒井　それぞれのライフサイクルと、その時々の環境でやれることが変わってくるので、そこは柔軟に考えたいですね。私も今は外に出て動くのが難しいですが、その中で周囲の人々に伝えていくことはできるので、地道にやっていきたいなと思っています。

「Ministry」2013年秋・19号

11 同じ地平にある宗教と戦争

塚本晋也

遠藤周作原作の映画『沈黙-サイレンス-』で隠れキリシタンのモキチを演じて注目を集めた塚本晋也さん。一方では、カルト映画の巨匠として国内外に熱狂的ファンを持つ映画監督であり、映像作家でもある。都市、肉体、バイオレンスをテーマに独特の映像で描いた作品の多くが、国際的な映画祭で高く評価されている。塚本ファンを公言する映画人も少なくない。『沈黙』を撮ったマーティン・スコセッシ監督もその一人だ。そんな鬼才が近年、大岡昇平の『野火』を映画化し、戦争への傾斜に警鐘を鳴らしている。それらに通底するテーマは、戦争や暴力の不条理。虐げられた者の目線から見えてくる光景とは?

塚本晋也　つかもと・しんや

1960年、東京生まれ。日本大学芸術学部卒。89年『鉄男』で劇場映画デビューと同時にローマ国際ファンタスティック映画祭グランプリ受賞。おもな監督作品に『東京フィスト』、『バレット・バレエ』、『六月の蛇』、『ヴィタール』、『悪夢探偵』、『KOTOKO』（ヴェネチア国際映画祭オリゾンティ部門最高賞受賞)、『野火』（ヴェネチア国際映画祭コンペティション部門出品）など多数。おもな出演映画に『シン・ゴジラ』、『沈黙-サイレンス-』ほか。ドラマにも多数出演。

モキチのために
かつての聖歌を選曲

――スコセッシ監督のファンだとうかがいました。

10代で彼の『タクシードライバー』を観て以来の熱狂的ファンです。人間には正義と悪で二分できないさまざまな面があること、世の中には不条理があることを、僕はこの映画で教えられました。ほとんど全部の作品を観ていますが、あれだけ多くの作品を撮って、そのどれもがすばらしいのは稀有なこと。存命の監督の中では一番。正真正銘のベスト監督です。

――そんなスコセッシ監督の『沈黙‐サイレンス‐』に出演された経緯を教えてください。

NHKのドラマに英語の教師役で出演したことがあって、おそらくそれを観たからだと思うのですが、キャスティングの方からオーディションに誘われたんです。最初は小さな役でしたけどスコセッシ監督の作品と聞いて、絶対受けます！と(笑)。どんな役でも出たかった。オーディションでは簡単な着物を羽織るように指示されたので、これは靴など履いていられない！と裸足になって、まるでひれ伏すように監督の前に出て(笑)。初対面でしたけど、とても通じ合えるものがありました。僕が撮った映画もよく知ってくださっていたので、非常に打ち解けた面接になった。その直後に合格の連絡があって、いただいたのが最初の役よりずっと大きな役、モキチ役でした。

――存在感のあるモキチの演技は評判でしたね。

モキチは敬虔なクリスチャンです。スコセッシ監督にとって宗教は人生の大事なテーマですが、僕は宗教を持っていないので、最初はモキチ役に難しいものを感じました。自分の内に「何か」を持たないと純粋なモキチを演じることができないと。まずは、スコセッシ教の信者になって監督を信じて殉教さえ厭わずにやろうと(笑)。これはもう初めから決まっていたことでした。そしてもう一つ、未来の子どものために祈りにも似た気持ちで演じること。そのころに自分が撮った『野火』（2015年公開）への思いとも重なりますが、世の中がどんどん怪しい方に向かっていて未来が心配です。子どもたちの未来が平和であるように、と祈る気持ちを持ったら、純粋で敬虔なモキチを自然に演じることができました。

――海での殉教シーンの撮影は過酷でしたね。

大波をかぶる場面だけは、演技ではなくほとんど素でした（笑）。プールで撮ったのですが、一度波をかぶると水圧でヘナヘナになるんです。セリフを言おうとして口を開けると波が押し寄せて咳き込んで、その必死さが悲壮感に映ったのでしょう（笑）。聖歌を歌うシーンはプールでなく実際の海で撮っています。実は脚本では「モキチは最後に歌った」とナレーションで語られるだけでした。でも、僕は実際に歌うべきだと思いました。監督に提案したら快諾されたので、当時の隠れキリシタンの資料を取り寄せて探し、2曲を選んで提出しました。念仏のようなオラショと西洋式の聖歌です。

――ラテン語の聖歌は意外でした。

あの聖歌は弾圧が始まる直前まで一般の人にも歌われていた可能性のある曲です。モキチはもう隠れる必要がないので、かつてキリシタンたちが晴れ晴れと歌っていた聖歌の方がいいと思いました。ボロボロの着物をまとったモキチが美しい西洋の聖歌を歌えば、観客の心に訴えかけるものがあるんじゃないかと。それを監督に伝えたところ「それはいいね」と採用されました。すっかり飛び越してしまいましたが、原作では別の歌でした……。

権力や上からの力が人間の自由と尊厳を奪う

――遠藤周作さんの原作は、以前から読まれていましたか。

僕、わりと本は読んでいたつもりでしたが、実は『沈黙』を読んだのはオーディションの話が来てからなんです。大岡昇平の『野火』と似たものを感じて、とても惹きつけられました。両者とも文豪の作品、大小の差は極限ですが、スコセッシ監督も僕もずっと撮りたかった作品、共通点を感じて調べていくうちに、2作品は、同じ地平にあることに気がつきました。

『沈黙』を含めて遠藤さんの作品は「キリスト教」をテーマにしていますが、同時にしっかりと「戦争」をテーマに据えているのがわかります。最もわかるのが長編小説の『女の一生』。一部は明治初期のキリシタン弾圧を描き、二部ではいっきに戦争時代の話になる。戦争をあまり実感していない普通の若者が、トントンといつの間にか神風特攻隊員になり死を遂げてしまう。アウシュビッツで囚人の身代わりになって死んだコルベ神父を絡めて、戦争でいちばん恐ろしく、誰もがわかる悲劇の部分にクローズアップして「宗教」と「戦争」をくっきりと結び付けています。これは遠藤さんが書かれていたことですが……宗教で弾圧されたと言っても、宗教に入っていない人にはピンときません。でも、自分が信じているもの、大事に思っているものを上から弾圧されたら、と置き換えてみればわかるでしょう……と。

いつの時代も、大事なことは上の人の勝手な事情で様変わりします。貿易と一緒にキリスト教が入ってきて、布教が奨励されていたのに、情勢が変わって急に弾圧が始まった。戦争もまた、情勢が変わったと言って、権力や上からの力が、人間の自由や尊厳を奪う。個人が信じているものを捻じ曲げる。歴史はそれを繰り返してきました。今はピンとこなくても、戦争は誰しもに降りかかってくるもの。うかうかしていられません。宗教と戦争はいつも、とても大事な「同じ地平」にあります。

――いま、まさに繰り返されようとしています。

僕の印象では、戦争をしたいという動きは常に水面下にあって、それでも戦争の恐ろしさを体験した方がいらっしゃるうちは「あんなことはもう絶対に嫌だ」と強く阻止する力があったのだと思う。でも、『野火』の撮影に入る前に取材で話をうかがった兵隊体験者は、当時すでに80歳を超えていました。そうした方々がいなくなるのを待っていたかのように、いま水面下から暗黒のクジラのようにくっきりとした輪郭でザバーッと浮び上ってきた戦争への傾斜を感じて、いまやらないと大変だと思って『野火』を撮ったんです。

『沈黙』の映画化は、スコセッシ監督が28年間も願ってきたこと。それがいま世に出たのは「この時代に気持ちを落ち着かせて考えてほしい」という監督の重大なメッセージがあると感じます。規模こそ違いますが、監督も僕もずっと撮りたいと願っていた作品がほぼ同じ時期に形になったのは、時代の必然を感じます。『野火』の公開が２０１５年7月、自民党の憲法改定に反対する人々が国会前に集まり、シールズなどの若者たちが声を上げていた。まさに時代の空気とシンクロしてゆきました。あれからさらに時代が懐古趣味的になり、ものすごいくっきりとした力で戦争の方に引き寄せられているのは明らかです。日本だけではありません。アメリカのトランプ大統領の言動に、神様の世界では、ホントにやんちゃなガキどもがまた何をやっているんだと思っているかもしれません。

一定方向に引き込まず自由に感じてもらう

――映像で表現する立場から、忖度や自粛するような空気を感じますか？

それはすごく感じます。『野火』を撮り始めたころでも、危機感を持つ人たちの発言に対して、不思議なくらい口汚い言い方で抑えつける人たちがいました。名前を明かさずバッシングするんです。

そうなると、発言を控えるようになってしまいます。あれがもう、僕はとても嫌で。ならば小出しに発言するのではなく、圧倒的なハンマーでポーンと覚醒してもらうような映画をつくって観てもらおうと思いました。ただし、その映画には「政治的」なメッセージを入れない。これが自分のテーマです。映画が「政治的」なメッセージを含むものであっては、本来自分が考えている映画の表現とは違うものになってしまいます。

この映画を観た人が、どのように感じてもいいんです。「こんなひどい世界になるなら戦争の準備をしよう」と思う人もいるかもしれません。でも、「こんな世界に近づくのはごめんだ」と感じるならば、回避するために戦争以外の方法を考えてくれることを願って、この願いはきっと伝わると信じてつくりました。そこは大岡さんの願い、原作が持つパワーですね。

――実際にバッシングはありましたか？

そうですね。『野火』の公開当初は心配でしたが、バッシングはありませんでした。映画本編でも宣伝でも、この作品で自分が注意深くしていたのは、「政治的」な説明やメッセージを入れない、プロパガンダではない、という見地に立つこと。一定の方向にグイグイ行くのではなく、観た人が自由に感じとれるようにしたので、そういう意味ではツッコミようがないはずなんです。

ただ制作はたいへんでした。スポンサーもつかない、誰もお金を出してくれない。自主制作しかない。制作中は、自虐的な戦争映画を作っていると誤解されたようで「また日本人を卑下する映画を作っている奴がいる」といった声もありましたけど、公開後はなくなりました。観ればわかってもらえると思っています。

――反響はいかがでしたか。

大岡さんの思いが伝わって、一定の観客ではなく、老若男女に観ていただけました。公開当初は大岡ファンの年配の男性が多かったけど、だんだん年齢層が若返り、子どものいるお母さんたちが観に来るようになった。12歳未満でも保護者の指導があれば観られるので、子どもを連れたお母さん、平和教育をする学校の先生、若い方たちが観てくれました。

戦争をリアルに体験した気分になった若い方たちが、劇場から出て渋谷の街がゆがんで見えて「ああ、これが現実でよかった」「今が戦争じゃなくてよかった」と感じくれたそうで、僕としてのこれこそが狙いだったので、かなり成功です。それからこれは、あるおばあさんが新聞に投稿された話ですが……学校でこの映画を勧められたという孫に誘われて2人で行ったら、残酷な内容にコテンパンな目にあって、2人で泣きながら手を取り合って観た。孫に「酷いものを観せちゃってごめんね」と謝られたけど、いいえ本当にこんなにいい体験ができてよかった、2人でいい夏を体験できました……と。ああこれでよかった！　やった！　と大事な貢献ができた手ごたえを感じました。そんな『野火』と『沈黙』という巨大な出来事が立て続けにあってヘロヘロで、黒かった髪や髭は真っ白になりました(笑)。本当によかった。考えるいいきっかけができたかなと思っています。

『沈黙』も多様に解釈できる

——戦争映画は一定の方向性を持つ作品が多く、こちらが正義でもう一方が悪になりがちです。キリスト教映画も同じ構造のプロパガンダものが多く、特にアメリカで好まれる傾向があります。スコセッシ監督の『沈黙』は一定の方向を示していません。観る人によって反キリスト教にも、擁護しているようにも受け取れる、開かれていて好感がもてます。

映画は議論できるのがいいですね。観た後に喫茶店で「どうよ」「こうよ」と語り合えるのがいい。「こうだ」と断言されてしまったら、観る側は「ああそうですか」「僕はそうは思いません」で終わってしまいます。

映画ではロドリゴが信じていることを象徴して終わります。原作にはないシーンですが、本当の意味で信じたら、ああいう生き方になることもあると思う。そこは自分の考えに近いものがありました。『沈黙』そのものについても、遠藤さんが葛藤したようにキリスト教では「どうよ」「こうよ」あったと聞いています。昔のキリスト教では、命を投げ出してまで殉じることが最高の美徳とされていたそうですが、そうであれば『沈黙』は葛藤です。『沈黙』の世界に「どうなのよ」と思う方もいるでしょう。

――評価にはかなり幅があると思います。塚本さんはモキチを演じて、殉教をどう見ますか。

信仰を持たない僕からすると、キリスト教を信じることと踏み絵を踏むことは別ではないのかな、と思ってしまいます。もし自分が神父さんだったら、そこ（踏み絵）に神様はいないと言って命を助けるでしょう。でも当時は、踏む、踏まない、を超えたものがあったと思います。モキチたちは、もう生きていくのが辛くて辛くて、キリスト教に本当に救いを感じていたのですから。踏んで生き続けているよりも、踏まずに処刑されることで「瞬間の至福」を感じる方がいいのなら、絶対に否定するものではない。それはもう、その人の生き方の表れです。踏む、踏まないどちらを選ぶか、幸せのなり方は自由です。間違っているのは、その選択肢を作った人。「踏まなければ殺す」これははっきりと間違っています。

大きな流れのなかでつながっている感覚

――キリスト教を含めて宗教をどう捉えていますか。

年齢とともに変わってきたテーマですね。若いころはかなり唯物的で、撮っていた映画も、都市や肉体がテーマ。宗教的なものを意識的に外していました。「死は最後にくるもの」であって、そこを終末点に、だから生の時間を充実させようとしていた。今もその基本的考えは変わりませんが、40代のとき、母が病気になり7、8年介護していた時期がありました。苦しんでいる母に優しい言葉をかけようとしても、言葉が出てこないんです。同じころに子どもが生まれました。自分に似ている子どもを見て、手塚治虫の『火の鳥』じゃないけど、ものごとは循環して続いていて、自分は大河のワンポイントにすぎないのだと、理屈ではなく身体で実感するようになったんです。おそらく死が怖いのは、自分という主観が消えるからでしょう。愛すべき子どもが主観を持っていて、それが後々に続けばそれでいい。自分は個ではなく、つながっているという感覚です。

それから死が以前ほど怖いものではなくなり、母に対しても、言葉にはしませんでしたけど「死が最後ではないんだよ」という気持ちで接することができました。死んだことはものすごく悲しいけれど、時間が経つほどに、いつもこの辺にいるという柔らかな感覚があります。こうした自分の内から自然に沸き上がった大事なことを言葉にすると、宗教的なものになるのかもしれません。それはある時期から大事なものになりました。

――『野火』と『沈黙』という巨大な仕事を終えて、今後の作品の構想は?

時代劇をつくりたいですね。武士が刀を持ち始めたころの話か……。あるいは、いまと似た平和な時代に、刀を使うことなく生きていた武士が戦わなければならなくなった幕末のころの話なのか……。そもそも、なぜ刀を使うことになったのか。誰も使うのが当たり前だと思っていますよね。そこに「なんで刀を使うのか?」と、ふと考えてしまう人の話とか……。いずれにしてもまだあまりに知識がないので、これからですね。

「Ministry」2017年8月・34号

12 信じる者はホントに救われる？

宮台真司×晴佐久昌英

一連のオウム事件を受けて、「終わりなき日常を戯れて生きる知恵」の必要性を説いた社会学者、宮台真司さんが、カトリック教会で熱烈なファンの支持を得るカリスマ神父、晴佐久昌英さん（カトリック上野・浅草教会主任司祭）と対談。本対談で初めてクリスチャンであることを公言したアカデミシャンと神父のガチンコ対決かと思いきや、議論は意外な展開に向かう（2013年、東京で開催された「いのり☆フェスティバル」内のステージ企画）。ここでは、会場からの質問に対して繰り出された二人の応答を収録する。

宮台真司　みやだい・しんじ

1959年、仙台市生まれ。京都市で育つ。東京大学大学院博士課程修了。社会学博士。権力論、国家論、宗教論、性愛論、犯罪論、教育論、外交論、文化論などの分野で単著20冊、共著を含めると100冊の著書がある。近著に『14歳からの社会学』『〈世界〉はそもそもデタラメである』『私たちはどこから来て、どこへ行くのか』など。今回の晴佐久神父との対談で、自らがカトリック信者であることを初めて明かした。

晴佐久昌英　はれさく・まさひで

1957年、東京生まれ。カトリック信者の両親のもと、教会大好き少年として育つ。上智大学神学部、東京カトリック神学院卒。87年、司祭になる。著書に『福音宣言』『幸いの書』『十字を切る』など。現在、カトリック浅草教会・上野教会主任司祭。美術、音楽、映画、演劇、赤ワインが大好きで、毎夏の無人島生活は30年目。「福音を説明するのではなく、宣言する司祭」として、カトリック教会だけではなく、プロテスタント教会、各地での講演会、大学などでも福音を宣言する。

普遍性を求めている時代より広い救いの概念を

――（会場からの質問で）「救われたいと思っていない私はどうしたらいいでしょうか？」

晴佐久 「救われたいと思っていない」という方の言う「救い」は、私に言わせれば「救い」じゃない。本当の救いは誰もが普遍的に求めているものでなければ意味がない。たとえば、自分が天国に行って、大好きな人が地獄にいたら、そこは天国ですかと。嬉しくないですよ。みんなが共有できる真の幸せへの道があるはずだし、そこに「救い」という言葉を当てはめたい。個別の救いの話なんてものを、つじつま合わせしても喧嘩になるだけ。もっと究極の普遍性に憧れて、何教何宗を飛び越えたような形で、「本当の救いってこういうもんだよね」と共有できる道があるはず。僕らがまだそれをちゃんと求めていないだけの話だという気がします。狭い意味での「救い」のイメージで、「そんなものは必要ない」と思っているんだとしたら、本当に残念です。

神という概念も同じです。「私は神なんか信じない」と言うけれども、あなたの信じられないような神なら、そんなものは本当の神ではないと思います。そもそも救うのは神ですから、人間の側で「救われた」「救われない」と決めつけるのはちょっと僭越です。徹底して「み心が行われますように」と祈る世界をもっと知ってほしいと思いますね。

宮台 僕はかなり若いころから聖書を読み込むのが好きだったのですが、いわゆるユダヤ教のファリサイ派と言われる人たちは、「なぜこんなに真面目に生きているのに救われないのでしょう」「なぜ神は動いていただけないのでしょう」と嘆いていた。「動かない神」の問題と呼ばれます。そこにイエスが出てきて、私を見れば神が常にすでに動いておられることがわかるというメッセージを伝えたわけです。奇跡という概念もイエスをとおして神の動きを知るためのものであって、なぜ神が動かないのかという問いは、イエスからするとナンセンスの極みなんです。むしろ神が見ていてくれるので、普通ならできないはずの利他的な自己犠牲的振る舞いができる。そこにすでに神が動いているというのが、イエスの重要なメッセージです。救いというのは、今ここで実現していると理解すべきものだと思います。

晴佐久　イエスの指針の中心は、まさに「私を見ろ。救いはすでにここにある」ということなんです。私はいい加減なインチキ神父だけれども、そんな私を遣わしたのは神であって、その神が私の口で救いは来ていると宣言している。実際にはひどい現実ですよ。罪まみれでどうしようもない社会だけれども、「それでもここに救いはある」という宣言のすごさを知ってほしい。それを信じて初めて、どうしようもないところからの一歩を正当に踏み出せる。そういう意味で、今の時代はカトリック（普遍）性を求めていると思います。

宮台　日本はヤンセニズム（ヤンセン主義＝人間の原罪と恩寵の必要性を強調したキリスト教思想）の影響で、プロテスタントが好きな学者さんが多いんですが、僕はあまり好きじゃない。プロテスタントはどうしても、カトリックにおける「私が〝皆を裏切らないように〟見ていてください」という部分が見えにくいんです。善行を行うにしても、天国に入るには——千年王国での永遠の命を得るには——どうすべきかという因果応報的なご利益《りやく》観念を持ち込む人がいる。それだと「利己のための利他」にすぎません。すでに知られているイメージどおり、カトリックのほうが友愛的で共同体的です。奇跡の意味も、「私が誓を裏切らぬように見ていてください」という祈りが示すように、個人のものではなく皆にとってのものであるという、まさに晴佐久神父のおっしゃった普遍的なるものと関係している。

宮沢賢治的な法華経理解なども同じです。「利己のための利他」ではない「利他のための利他」こそが奇跡なのです。その辺りが、私がカトリックを好む理由です。

「恨みベース」から「希望ベース」へ与えられた性をいかに享受するか

――「自分の性に自信が持てません。モテない私に価値はありますか？　性的なことをどう思いますか？」

宮台　僕はずっと売買春やクスリのフィールドワークをしてきました。この間、基本的に状況は変わりません。現在でも、東大生や医学部生で売春をしている女性がいます。彼女たちに理由を聞くと、「好奇心」が「親への恨み」と結びついているのです。「この親さえいなければ、私は別の人生を営めたのに」「この親さえいなければ、別の世界を知れたのに」というタイプの恨みです。僕はいわゆる「ナンパ地獄」に明け暮れた11年間という実体験を持っています。ここで初めて明かしますが、「親への恨み」が背景にありました。小学4年のころ、早生まれでいろんなことができなかった僕が、できるようになると、母親が突然教育ママに変じました。成績も上ってリレーの選手になり、親の目から見ると自慢の息子になっていきますが、僕は逆に、化けの皮が積み重る思いに苦しみました。思えば、性的なものへの傾倒も、親に奪われたものを回復するためのものだった。

昨今は〈恨みベース〉のコミュニケーションが蔓延します。ヘイトスピーカーたちが新大久保を歩いていますが、イデオロギー問題より、彼らのたたずまいに〈恨みベース〉の実存を感じます。ひきこもりの子らの多くに、親を困らせるためという動機があります。「ナンパクラスタ」と言われるインターネットのナンパ系の連中にも恨みを強く感じます。社会学で「ミソジニー（女性憎悪）」と言いますが、女性を〈物格化〉してコントロールしたがる男たちです。彼らは母親にコントロールされてきた恨みを、母親のかわりに女性をコントロールして晴らします。こうした人々を量産されるがまま放置しておいて、制度を変えればいい社会になるとか、いい指導者がいればいい社会になるとか、無理です。それこそ初期ギリシャの人々が聞いてあきれる〈依存〉です。

初期ギリシャは神頼みの〈依存〉を嫌い、〈自立〉を欲しました。そして共同体の存続には、損得勘定の〈自発性〉を超えた、内から湧き上がる善なる力（ヴァーチュ）である〈内発性〉が必要だと考えました。〈依存から自立へ〉、〈自発性から内発性へ〉、〈恨みベースから希望ベースへ〉。大切な志向です。

イエスも、犠牲を捧げれば救われるとか、罪を犯さなければ救われるという類の、救いのための取り引きを、瀆神行為として却け、善きサマリア人のごとき端的な〈内発性〉を激しく愛でます。路傍に倒れた人を、戒律にないからと放置する聖職者と、思わず助け起こす被差別民と、「どちらを隣人にしたいか」というイエスの問いは、初期ギリシャ人がいうミメーシス＝感染的模倣に関わるものです。初期ギリシャの思考によれば損得勘定を超えた〈内発性〉は周囲を感染させますが、現にイエスの〈内発性〉は周囲を感染させます。人々はそこに奇跡、つまり神の働きを見出します。

グローバル化は貧困と格差を今後も押し広げ、貧すれば鈍すの言葉通り〈感情の劣化〉を推し進めます。〈感情の劣化〉は民主政をデタラメに機能させます。たとえば〈感情の劣化〉は〈恨みベース〉ゆえの排除として現れます。僕たちは浅ましさを克服し、包摂を取り戻さないと、文明＝大規模定住社会は存続できません。たとえば、自国にも愛国者がいるように、他国にも愛国者がいます。自分に人格が宿るように、他者にも人格が宿ります。それを弁えられない者は、愛国者を自称して国を滅ぼし、あるいは、ナンパ名人を自称して女を傷つけます。こうした〈感情の劣化〉を放置すれば、従来当てにできた制度は大半が回らず、社会は目も当てられなくなります。

僕はこれまで制度やシステムの問題について発言してきました。昨今の僕は〈感情の劣化〉と〈教養の劣化〉を問題にします。教養とはもともと知識（Kultur）ではなく自己形成（Selbstbildung）を意味するドイツ語で、世界はそもそもどうなっているのかという存在論（Ontology）に関わるものです。インターネット化を背景に、従来なら資格がないと思われ、意欲がないと思われてきた人々が、摩擦係数の低いネットのコミュニケーションゆえに、周囲の人々から浅ましさを叱られることもなく、また無教養を指摘されることもないまま、政治生活や家族生活を送るようになり、ポピュリズムやネグレクト（育児放棄）が蔓延するようになりました。

そこで政治生活に関わる劣化を手当てするために住民投票関連のワークショップをやり、家族生活に関わる劣化を手当てするために恋愛関連のワークショップをしています。いずれのワークショップも、損得勘定と自己防衛に右往左往する構えを克服し、内から湧き上がる力を涵養するためのもの。つまり〈自発性から内発性へ〉あるいは〈損得勘定からヴァーチューへ〉のシフトをもたらすためのものです。

晴佐久　神父は性の話は不得意と思いきや、したくてたまらない（笑）。性の問題はともかく人の本質に関わることなので、そこに「恨み」が入ると、一番ビビットに表れる分野だと思います。性の問題だけは嘘がつけない。だからこそ、恨みを越える神の愛とか、親には愛されなかったかもしれないけれども、もっと大いなる天の親に愛されている実感とか、むしろその恨みという十字架を引き受けるときにこそ、何か素晴らしい世界が始まるというキリスト的な道を知ってほしい。そういう普遍的な福音を知ったうえで性に向かい合ってほしいと、つくづく思うんです。やっぱり人間である以上、一人ひとりさまざまなフェティッシュを持っているわけですが、それがどういうものかはどうでもいい。そんな私は神に愛されている。こんな私でもいいという自己受容ができたうえで、自分の一番弱い、恥ずかしいところを他者と分かち合うという行為は聖なるものだと思いますよ。

神様がインプットした性的なものを、ただ目先の欲望や自らのフェティッシュを満たすためだけに使うのは本当にもったいない。禁欲的になれというよりも、むしろ欲望が足りない。本当の欲というのは、本当の快楽、本当の愛を約束してくれるんじゃないですか？あまり具体的なことを話せない分野なのでもどかしいのですが（笑）。神父という立場上、実にさまざまな相談を持ちかけられて、みんな驚くべき実態や、天国的体験を告白してくれるんです。守秘義務があるので、社会学者のために提供はできませんけれども（笑）。

宮台　ネグレクト（育児放棄）の被害にあう子どもたちは、社会的に壊れた人間になりやすい。キム・ギドク監督の映画『嘆きのピエタ』で象徴的に描かれていましたが、私たちは誰にも見られていないと思えばひどい存在になる。世の中には親のいる人もいない人も、さまざまな境遇の人々がいるわけですが、親であれ誰であれ、見る（見られる）存在がどれだけ大事かということです。これは、長く風俗のフィールドワークをしてきた者からすれば、手に取るように明らかな真理です。誰も自分を見てくれないと感じながら育てばダメな存在になります。自分の子どもだけじゃなく、近所の子どもとか、いろいろな人を見るということはとても大切です。日本の場合、見るという言葉がケア（診る・看る）と同じ意味を含んでいます。日本人は言葉自体の中に、普遍的な摂理を畳み込んでいる。お互いに見ない存在が、社会をダメにしていくのだと思います。

「十字架を背負う」生き方
沈むことによってしか見えない景色

――『自分の十字架を背負う』という言葉がよく出てきますが、それぞれにとってどういう意味を持っていますか？」

晴佐久　十字架というと大げさに聞こえるかもしれませんが、実は私たちが1日10回は経験することと思ってください。ここで自分がちょっと譲ろうとか、もっとみんなのことを考えようとか、自分はこれがいいと思っているけれども本当にそうだろうかとか。より普遍的なものに向かって生きていこうとすると、常に自分を振り返り、目の前の人を見なければならない。見ているつもりでも見ていない。だから、もう一度見て、その人のことを思う。これは大変だけれども、放っておくと自分の思いだけで生きていくことになります。それはある意味、死の世界です。

イエスの背負った十字架は何か。それは、みんなの罪や弱さをすべて背負ったということですよ。ですから私たちが背負うべき十字架も、目の前の人の過ちや嫌な相手も受け入れようとか、そういう日々の葛藤です。神父なんか偉そうなことを言っているけれども、1日中それと闘い続けるわけですよ。それらは小さなことのようでいて、非常に重要な分かれ道。そこで励ましてくれるのがイエス・キリストだし、そこをちゃんと見てくれているのが天の父だし、そこからちゃんと復活のいのちの喜びを実らせてくれる聖霊の働きにいつも私は感動していて、また一つ小さな十字架を背負おうかなという勇気ももらえる。ですから、「みんなで背負いましょうよ」と、宗教抜きで日本全国に、シリアを攻撃したい人たちに、声を大にして言いたい。ちょっとでいいからみんなで十字架を背負って、みんながが幸せになる社会を作り出したら見たいと思いませんか。こんなひどい世の中、こんな罪にまみれた現実でいいと思っているんですかと。

宮台　社会学者として話をさせていただきますと、イエスの死と復活、あるいは十字架を負った者たちの振る舞いという発想は、バプテスマ（洗礼）の中に含まれています。もとは深く水に沈めてから取り出すという、非常に危険を伴う儀式だったのです。それが死と復活のメタファー（暗喩）になっているわけです。一度死にかけた人は振る舞いが変わるというのと同じです。これも摂理だと思いますが、自分が引き起こしたひどいことや罪は、出来事として取り消せないのですが、深く沈むことによってしか見えないものがたくさんあるのです。それが見えるから許すこともできるし、利他的であることもできる。順風満帆で希望に満ちたご利益満杯の人生を願う者や、不幸を単なる不幸だと理解する人たちも、残念ながらこうした摂理をわきまえていない。

十字架を負った者にしか奇跡、つまり「利他のための利他」の振る舞いはできません。そのことが摂理として、どれだけ腑に落ちるかということは重要だと思います。神の力を借りて「利他のための利他」を完遂したとき、人は「本当の幸い（宮沢賢治）」を手にします。それこそがまさしく救済なのです。

「Ministry」2014年冬・20号に一部収録

13

「宗教のメガネ」で世界を見れば

内田樹
×
釈徹宗

『日本霊性論』（ＮＨＫ出版）や『聖地巡礼』シリーズ（東京書籍）でおなじみの内田樹《たつる》・釈徹宗《しゃくてっしゅう》コンビが、満を持して教会を舞台に対談。近現代の日本社会にとって、キリスト教とは何であったのか。これからの日本社会における宗教のありようを、「ハタから」の視点で縦横に語り合った（２０１６年10月15日、日本基督教団前橋教会創立１３０周年企画）。会場である前橋教会の牧師・川上盾さんが企画し、司会を務めた。

釈徹宗　しゃく・てっしゅう

1961年生まれ。浄土真宗本願寺派僧侶、相愛大学教授。宗教学者でもあり上方芸能（特に落語）にも通じる。グループホーム「むつみ庵」を運営するNPO法人リライフ代表。著書に『不干斎ハビアン――神も仏も棄てた宗教者』『法然親鸞一遍』『早わかり世界の六大宗教』ほか。ＮＨＫＥテレ〝100分で名著『歎異抄』〟の解説や、ＮＨＫニュース〝シブ５時〟でのご意見番も務めるなど、各方面で活躍中。

内田樹　うちだ・たつる

1950年東京生まれ。武道家、思想家。凱風館館長。神戸女学院大学名誉教授。京都精華大学客員教授。フランス現代思想、ユダヤ人問題から映画論・武道論、さらにマンガ論まで、幅広い分野で発言。著書に『ためらいの倫理学』『レヴィナスと愛の現象学』『私家版・ユダヤ文化論』（第６回小林秀雄賞）『日本辺境論』（2010年新書大賞）ほか。

キリスト教は面白い

――クリスチャンは日本の人口で1%と言われています。これについてはさまざまな分析がありますが、隣の韓国は全人口の30~40%と言われています。同じ東アジアの儒教を背景とする国なのに、この違いは何なのか。今まで多くの研究テーマとなってきました。他方でキリスト教は、日本の社会にさまざまな影響を与えてきた足跡もあります。日本にとってキリスト教とは何であるのか、また、これからどうなっていくのか。ますます近代化が進む中で、キリスト教に限らず、宗教はどうなっていくのか。そのあたりもお二人の先生に「ハタから」教えていただきたいと思います。まずは、お二人のキリスト教との接点についてお話しいただけますか。

内田 僕はユダヤ教思想を哲学的に深化させていったエマニュエル・レヴィナス(1906~1995)という哲学者のことをずっと研究してきました。レヴィナスを理解するためにはユダヤ教の教義を知らなければ話にならないので、キリスト教ではなく、まずはユダヤ教の研究から入っていきました。僕が研究を始めた1970年代の終わりごろで、ユダヤ教についての文献は非常に少なく、周りにもユダヤ教について知っている人がほとんどいませんでした。そのころ、レヴィナスの翻訳を出すという仕事をいただき、それに取り組んだのですが、本文中にヘブライ語やユダヤ教の専門用語が頻出する。でも読めない、意味がわからない。それでシナゴーグに行って、ラビ(指導者)に教えてもらうことにしました。1980年代の初めくらいでした。広尾にありましたユダヤ文化センターで、アメリカ人のラビにいろいろと質問をして、基本的なことを教えていただきました。センターの図書室も利用させてもらい、英語で書かれたユダヤ教の基礎的な文献をいろいろ読みました。

ですから、まずユダヤ教の側から見るという、かなりバイアスのかかったキリスト教との出会いでした。そういうこともあって、キリスト教自体に関しては、特段の思い入れはなかったわけですが、ところが神戸女学院大学というミッションスクールに採用されました。就任してすぐに入学式がありました。壇上に座っていたのですが、教務部長が聖書を読み、みんなで賛美歌を歌い、最後にチャプレン(宗教主任)が出てきて祝祷をしてくださる。僕にとってのキリスト教はそれまですべて書物的な知識だけでした。それがいきなり儀式の当事者として、それもチャプレンの祝祷によって祝福を受けるというかたちでキリスト教に触れることになった。今にして思うと、それがとても良かったんじゃないかと思います。

聖書は高校生のころからずっと読んではきたのですが、自分自身がチャプレンから祝祷を受けるという立場になってみて、それは書物的知識とはまったく異質なものだと思いました。宗教というのは頭で考えたり、本を読んで研究したりするのではなく、実は行為のレベルで触れるべきものなのだ、と。生身の身体を経由しないと、宗教の本質には触れることができない。賛美歌の歌声とか、祝祷の声とか、パイプオルガンの響きとか。そういう具体的な「装置」を通じてはじめて生身の体に沁み込んでくるものがある。

祝祷を受けたときに、自分がキリスト教の学校の今「歓待されている」ということが強い印象でした。「あなたはキリスト教をどう思うか」というような問いかけではなく、直接儀礼に招き入れられて、祝福された。僕にとってはとても決定的な体験でした。

ノンクリスチャンの教員が礼拝に出るのは入学式と卒業式だけですが、そのうちに僕が聖書をよく読んでいることを知ったチャプレンから「奨励《しょうれい》をやってください」と呼ばれるようになりました。聖句を一つ取り上げて、それについて僕の解釈を述べるという、はなはだ畏れ多いことを、中高生、大学生の前で行った。ところがこれがなかなか好評でした。奨励は時間が決まっていて、授業と授業の合間にやるんですけれど、僕の話は持ち時間8分でぴったり終わる。ベルが鳴る前にきちんと話がまとまって、チャプレンがひと言お祈りして、そこでベルが鳴る。短い話をさせると上手いということが知られて、学内のあちこちで呼ばれるようになりました。そのうちに教務部長になりました。教務部長というのは、入学式と卒業式のときに、建学の理念が書かれているマタイ伝の中の聖句を読む仕事があります。僕はこの職務を4年間やりましたので、入学式と卒業式の全16回聖句の朗誦をいたしました。600人の学生たちを前にして、立って聖書を開いて、聖句を朗読する。これがだんだん体になじんでくる。だんだん聖句が身体を通して響くようになる。その後、役職を離れて、もう聖書を読む機会がなくなったときは、ちょっと寂しい気分がしました。

もう一つ忘れがたい儀礼の経験があります。神戸女学院大学に着任した翌年、1991年に合気道部を創部しました。学生たちが熱心に稽古してくれて、何年目かに合宿をすることになりました。10人ほどの学生を連れて合宿所に行き、稽古をして、お風呂に入って、全員並んで晩御飯を食べようという時に、僕が「いただきまーす!」と言って箸を出したら、部員に制されました。「先生待ってください! 食前の祈りをしていない」と。「そうですか、それは失礼しました!」と(笑)。その頃の部員たちはほとんど全員が神戸女学院の中高部出身でしたから、中高生のときから行事の節目節目に、みんなで食事をするときは必ず食前の祈りをしてきた。だから、お祈りをしないと気持ちが片付かない。「お祈りをさせてください」と頼まれたので、「どうぞやってください」と。お祈りの最後には「この食事を作っていただいた方に感謝して頂けますように」というひと言がありますね。それを聴いて、これは非常に良い態度だなと思いました。それが気に入ったので、それからあと、合気道部の合宿では、食前の祈りを必ずするようにしています。今もやっています。僕の道場はもう門人がずいぶん増えましたけれど、クリスチャンの人はほとんどいない。先日の合宿は120人くらいが集まりました。僕も含めてほぼ全員がノンクリスチャンですが、これまでの習慣で、必ず女学院の卒業生か在校生を指名して、食前の祈りをしてもらうんです。合気道の合宿はもう神戸女学院の部活動ではなく、社会人も含めた道場の行事なわけです。いろいろな宗旨の方もおられるはずですから、全員に「アーメン」と唱えるのを僕が強制するのはいかがなものかと、ちょっと心配しています。そのうち誰かから文句が出たら、そのときに考えようと思っていますが、幸い今のところ誰からもクレームがつきません。

そういう意味で僕の場合はやや特殊で、考えて、聖書を読んで、惹かれていって、教会の扉を叩いて、というのではなく、儀礼の中へ具体的に投じられていって、体で感じて「これはよいものだ」と思った。それ以来、キリスト教とは和やかなお付き合いをしています。僕自身は宗教的には寛容というより節度のない人間で、道場には神棚があります。朝起きるとまず道場に降りて、祝詞と般若心経を唱えます。道場でのお勤めがすでに神仏習合です。僕は人々が超越的なものを信じることはとても自然なことだと思っていますので、どのようなかたちの信仰に対しても、基本的には敬意を以て接することにしています。キリスト教はその中でもとりわけ親しみを持っている宗教だということではないかと思います。

釈——ありがとうございます。釈先生は仏教の僧侶ですが、キリスト教にとても詳しいですよね。

私が生まれ育った地域ではほとんどが公立の幼稚園に行くんですが、「いいところのお嬢さん」はキリスト教の幼稚園に行くんですよね。だから小学校に入ると、好きになる子はみんなクリスチャンだったりして（笑）。そういう苦い思い出がキリスト教との出会いかもしれません。

私の比較思想の先生がかつて牧師としても活躍されていた方で、その人の影響もかなりあります。その先生がキエルケゴールの研究をしておられまして、私は「法然・親鸞とキエルケゴール」で博士論文を書きました。また一時期はキリスト教芸術にコミットしていて、バチカンでミケランジェロのピエタを観たときに、時空が歪むほどの聖性を感じて、一瞬、改宗しようかなあと（笑）。それくらいの衝撃だったんですね。それで、一緒にバチカンへ行った友だちのお坊さんに「俺ピエタの前で改宗しようと思ってん。明日もう1回見てくるわ」って言ったら、「やめとけ」と止められた（笑）。

その後、生命倫理の研究をしていたものですから、キリスト教の果たしてきた役割についてずいぶん学ばせていただきました。現在、北海道浦河の教会を拠点とした「べてるの家」という精神障がい者の暮らす共同体があるんですが、そこで行われている向谷地生良《むかいやちいくよし》さんの「当事者研究」はたいへん面白い。とにかく社会活動をしていますと、どんな領域でもクリスチャンに出会います。

真ん中は空けておく日本人の宗教観

——それぞれのお話を聞いて、キリスト教の良い面を見てくださっているなと思うのですが、ではなぜ人口の1％未満に留まっているのか。まずはそこからお話をうかがいたいのですが……。

内田　日本人の基本的な宗教性は習合だと思うんです。神社に初詣に行って、結婚式はキリスト教会でやって、葬式はお寺で戒名をつけてもらい、法事もする。そこで特に大きな内的葛藤を感じないところが、他の国とはだいぶ違うと思います。キリスト教徒は1%未満かもしれませんが、キリスト教の儀礼に参加する人は、クリスマスなどの場合で言えば、人口の99%以上なんじゃないかと(笑)。教会で結婚式を挙げたという人だって60〜70%はいると思うんですよ。でも、神道や仏教の儀礼とそれらが並立する。日本人はいろいろな宗教が重ねられていて、それぞれの宗教性を、それぞれの文脈で感じ取って行動に移している。それは海外に例を見ないことです。韓国のクリスチャン人口は30%。この人々はおそらくお寺には行きません。日本人は違う。いわゆる本地垂迹説という超越的神性が、さまざまな形で権現し、いろいろな様態をとってくる。神仏習合の本地垂迹説というのは、日本人にすごくマッチしています。

釈 数年前の宗教意識調査では、「神はいるのか」という問いに「いる」と回答したのが20%ぐらいで、55カ国中最下位に近かった。とはいえ日本はすごく神を否定しているのかというと、「神はいない」と答える人はそんなに多くないんですよ。「いる」という人も少ないし、「いない」という人も少ない。「わからない」と答えるのがトップなんですよ。これは調査国中一位です。その「わからない」というのが日本人の宗教性。つまり「わからない」と態度保留するという宗教性なんです。この傾向が強い。

それと、もう一つ、先祖供養にキリスト教が積極的ではないのが、どうしても土着しない大きな要因ではないかと言われていますね。たとえば戦国時代のキリシタン。キリスト教が入ってきたときに、教義がとても魅力的で興味を持つ人も多かった。「神への信仰を持てば救われる」と。では、死んだお父さんやお母さん、おじいちゃんやおばあちゃんはどうなるのかと。「それは救われない」と告げられると、もう何時間も泣き続けたといいます。先に逝った人はどうなるのかという問題、これに応えていかなければ土着しにくい。

ラフカディオ・ハーンが書いた『お大の場合』という文章があります。これは実話なんですが、お大という女の子がいて、その子が神父さんのところに下働きに行くことになるんです。そのうちお大は洗礼を受けてクリスチャンになる。そこまではそんなに非難を受けなかった。ところが、お大は神父さんの指導で、家にあった位牌を捨ててしまう。それでものすごいバッシングにあって、コミュニティからオミットされてしまう。行き場がないので女郎になろうとするんですが、女郎屋にも身を置いてもらえない。現代では状況も宗教意識も変わって、これほどのことはないのかもしれないですが、やはり先祖供養の問題は大きいですね。

内田　先祖供養のトラブルは中国でもありました。明の時代にイエズス会が中国に入って布教する。これはイエズス会の現場の判断で中国人の祖霊崇拝に対して宥和的な態度をとったからです。そのせいでキリスト教が宮廷から広がって、何十万人という人がキリスト教徒になった。でも、清の時代になって、イエズス会の後にやってきたフランシスコ会、ドミニコ会はイエズス会の宥和戦略をきびしく批判して、バチカンに訴え出て、イエズス会の中国での布教活動も終わってしまう。その結果、清はキリスト教そのものを禁止してしまった。中国におけるキリスト教の定着を妨害したのは、実際にはキリスト教内部の論争だった。もったいないことをしたと思います。日本でも、初めに布教しに来たのはイエズス会です。イエズス会というのは軍人組織ですから、基本的にプラグマティックなんですよ。「ありもので間に合わせる」というのは戦場においての基本ですから。そこにあるものを使って、それなりのものを創り出す。結果オーライ。だから、中国でも日本でも短期間に信者獲得に成功したんだと思います。

信長の支援を得て布教したイエズス会士ルイス・フロイスの『ヨーロッパ文化と日本文化』も、中立的な立場からの比較文化論です。日本ではこうで、ヨーロッパではこうであると淡々と併記してある。日本人はこういう儀式や倫理や価値観を持っていると。それがヨーロッパ人と違う、と。どちらが優越していて、どちらが劣っているという書き方をしていない。これがたぶんイエズス会の異国での布教の基本姿勢だったんだと思います。異文化に対して、その独自性に対して一定の敬意を払う。だから、日本人が祖霊崇拝をしていても、それが日本人の宗教性の根幹にあるのなら、それとどう折り合わせるかという実践的な工夫をしたんじゃないでしょうか。

――釈先生は著書の中で、キリスト教が日本に近世になって入ってきたときに、日本人の意識に大きな影響を与えたとおっしゃっています。

釈　かなり衝撃的だったようです。そもそも日本列島に暮らす人々は、元をたどればさまざまな地域から流入してきているので、新しくやってきたものに対するアレルギーもそんなに強くなくて、うまく消化していくところがあります。日本の歴史を見ると何度か、特定の宗教が大きな指針になったことがあるんですよね。

たとえば平安時代は道教の影響がものすごく強い。鎌倉になると新しい仏教の波が社会に揺さぶりをかけて、その次にキリスト教。その後、儒教の時代を経て、幕末から神道の新しい波が起こる。キリスト教が影響を与えたのは戦国から江戸の初めあたりです。それまで、動物も植物も人間も生命は一つであるという仏教の考え方に、キリスト教が入ってきて「人間の霊と動物の霊と植物の霊はそれぞれ違う」と。相当な衝撃だった。仏教の言っていることはよくわからなかったけど、キリスト教の言うことはわかったと納得するんですね。そのように、新しい生命観や世界観を持ち込んだのは大きかったと思いますね。史料を見ると、クリスチャンではないのに十字架をペンダントにかける人がずいぶんいたという記述があります。クリスチャンにならないまでも、キリスト教が日本社会に与えた影響は大きかったと思います。

——一方で興味や好意を感じながら、祖先崇拝が一つのネックになった。

釈　そうですね、そこでつまづいた面もあるでしょう。

——ご先祖様が行けないのに私だけ天国に行くわけにはいかないと。

釈　そういう話は史料にも残っていますね。

——たとえば、歴史的には中南米など宣教師が出かけていってどんどん改宗させた国がありますが、日本は民衆がそれを跳ね返した。なかなかすごい宗教性だと思います。

釈　日本人はイメージとして、真ん中は空けておきたいんですよ。真ん中に何も入ってほしくない。真ん中が空いていると、丸テーブルのように、ある程度みんなが着席できるんです。仏教、儒教、神道と着席できる。でもキリスト教は真ん中に軸を持ってくる宗教。真ん中に軸が来ると、正統と異端とか、信者と非信者という座標軸ができる。それはしっかり体系化された宗教では避けられないことなんです。軸がないと力にならないのですが、日本の場合の宗教性というのは、中空にしておくんです。そこがなかなか難しい。

この国は強硬的に改宗させようとするよりも、むしろ教義を納得させるほうが成功するだろうと。そのことは初期から宣教師たちは戦略として明確に持っていたようですね。

弾圧の歴史と屈折した宗教性

——内田先生は最近の著書の中で、キリシタン大名の大村純忠がイエズス会に長崎を寄進した、それがうまくいっていたら日本の歴史が変わったかもしれないという推論を書いておられましたね。

内田　１５８０年に大村純忠は長崎周辺をイエズス会に寄進しました。のちに秀吉が長崎を取り上げてしまうのですが、短期間ではあれ、長崎はイエズス会領だった。荘園領主が自領を中央の有力な貴族や寺社に寄進して、その政治的保護を受け、名目上はその所有物としながら実効支配を続けてゆくという例は平安時代からずっとあったことです。ですから、大村純忠の発想もそれほど非常識なものではなかった。京都の門跡や摂関家と同じようなものとしてイエズス会を見ていた、ということだと思います。それが異常に思えるのは、国民国家成立以後の枠組みから彼らの思考や行動を理解しようとしているからであって、戦国時代末期の日本人というのは、今よりもっとグローバルだったんですよ。

秀吉の朝鮮討伐も、朝鮮半島を通って明を倒し、南京に後陽成天皇を迎えて、そこに「日本族」の王朝を建てるというスケールの大きな構想だった。でも、これは別に妄想的なものではないんです。中華思想の華夷秩序の内側にいた辺境の部族の長の脳内に宿った政権構想としては、ごく「常識的」なものだった。現に、中華帝国の辺境の「蛮族」たちは、部族の統一を果たすと必ず「中原に鹿を逐う」ということをしました。契丹族も女真族も満州族もみんな秀吉と同じようなことを考えた。そういう点では秀吉の構想はそれほど異常なものではないんです。秀吉自身はその後、南京で王朝を開いたら、自分は寧波に拠点を置いて、東シナ海と南シナ海全体を睥睨するという構想を持っていました。朝鮮出兵の前にはスペインのマニラ総督とインド総督に「降伏しろ」という書簡を送ってるんですよ。

だから、これを日本が朝鮮や中国を「侵略した」というふうに、今の国民国家のスキームを当てはめて理解しようとするのは無理があると思います。16世紀の人たちの頭の中で東アジアがどういうものとしてイメージされていたのかを想像的に追体験しないと、彼らがしようとしていたことの意味はわからない。その時代のキリシタン大名の登場というのは、今の僕たちがキリスト教に改宗するのと同じようなものとして考えてはいけないと思います。もっと広々とした、開放的なコスモロジーの中で彼らは思考し、行動しているわけですから。

だから、キリシタン大名と宣教師たちの間の距離感というのは、僕たちが想像するようなものとはずいぶん違っていたと思いますよ。自分たちと同じようなグローバルなスケールでゲームを行っているプレイヤーとして対等に見ていたのじゃないですか。

大村純忠がイエズス会に長崎を寄進したという事実は、日本史の記述の中でもほとんど出てきませんね。それを教えてしまうと、国民国家というのがある歴史的段階で生まれたフィクションだということがわかってしまうから。秀吉の大陸侵攻もそうですね。歴史学者によっては「秀吉は気が狂った」といって解釈を放棄している人もいますけれど、それは今の価値観を400年前の人に適用しようとするからわからなくなってしまうだけの話です。

高山右近のケースもそうですね。彼が列福されたことを日本政府はあまり喜んでいない。高山右近の列聖のためにもたぶん何の外交的努力もしないと思いますよ。だって、高山右近という存在は国民国家を否定したことでキリスト教史の中で高い評価を得ているんですから。高山右近は国を二回棄てているんです。最初は豊臣秀吉から棄教するよう言われたとき、播磨の所領6万石を棄てて、家康に棄教を迫られたときは日本を棄てる。信仰を守るために国を棄てた人物が列聖された場合に、日本政府が国民栄誉賞で祝福できるはずがない(笑)。だから、現在の我々の国民国家観を適用して、当時の人々の行動を理解するのは無理だと申し上げているんです。大村純忠や高山右近のような戦国時代のクリスチャンの思考と行動は、今から見ると異常に思えるけれど、その時代においては実は自然なことだった。そのことをわきまえないと、日本におけるキリスト教の歴史的意味というのは理解できないと思います。僕だって現代人ですから、彼らが何を考えてそんなことをしたのかはわからない。でも、僕はわかりたい。大村純忠がイエズス会に領地を寄進しようとしたのか、なぜ高山右近は二度も国を棄てたのか、その内的ロジックを僕は理解したいんです。それは日本人の宗教性を知る上で実にたいせつなことだと思うんですけど。

釈　信長にも、そういう傾向がありますよね。ところが秀吉になると、いきなり禁制になる。

宗教をことごとく自分のコントロール下に置こうという宗教政策ですよね。キリスト教だけではありません。日蓮宗も迫害されますし、仏教教団はみんな制圧されます。言われるままに寺を動かすし、神社も動かす。大坂城では、攻撃されたら弱いところの楯代わりに寺社が使われたりして（苦笑）。大坂城を建てた場所は、日本列島の土地神・生島足島を祀る神社があって、天皇は即位後に行かなければならない日本屈指の聖地があるんですが、それも動かしてしまう。秀吉は、自分自身を神や仏に見立てて、大仏まで作ってしまうような人です。

――それは宗教を見下していたのでしょうか、それとも宗教を恐れていた？

釈　自分が真ん中に立つことが、可能だと思っていたのでしょう。ある意味では近代自我をもったような人で、丸テーブルの真ん中にドンと立つタイプ、それも土足で（笑）。

――キリスト教を弾圧するけれども、自身の体質が「キリスト教的」であったと。

釈　私は、真ん中が空いているのが日本人の傾向だとは言いましたが、よく言われるように「キリスト教が日本人には絶対向かない」とは思わないんです。日本でも唯一の神を軸としたタイプの宗教が活躍してきましたし、浄土真宗も似たような性格を持っていますよね。結果的に浄土真宗は日本最大の教団となったのですから、中空でないと日本人にはどうしても受け入れられないとは思いません。ステレオタイプ的に語ってしまうと、日本人の宗教的メンタリティを見誤ると考えています。

――しかし、日本のキリスト教が伸びない理由の一つとして、「禁制が長かった」という時代の影響がまだ残っているのではないかなと常々思っているんです。ところで、長崎では世界に類を見ない隠れキリシタンという形態が生まれていきます。お二人の共著『聖地巡礼リターンズ――日本人とキリスト教』（東京書籍）第3弾はキリシタンがテーマですね。

内田　隠れキリシタンは独特のインパクトがありました。キリスト教と土着の宗教性とが遭遇して、そこに禁令が加わった。禁令が触媒になって、カトリックと土着信仰の不思議なアマルガム（接着）が誕生した。キリスト教は何とかして日本に根付きたいと思った。信者たちも何とか信仰を守りたいと思った。その両者が互いを求め合って、手を伸ばし合って、作り上げた作品が隠れキリシタンだと思います。石にしがみついてでも、泥水をすすってでも、何とか生き延びようと思った宗教的なエネルギーがあの独特なかたちを生み出したんだと思います。

スイスの画家にH・R・ギーガーという人がいます。映画『エイリアン』を造形した人です。エイリアンは「バイオメカノイド」という、機械と生物の融合体なんです。本来共生するはずのないものが危機的な環境を生き延びるために融合して、見たこともない異形のものに進化してしまった。それがエイリアンです。それと似た印象を隠れキリシタンの遺跡を訪ね歩いているうちに感じました。キリスト教と土俗信仰という、本来なら共生しがたいものが、禁教の圧力の下を生き延びるために融合して、異形のものに進化した。何としても生き延びようとする宗教と、何としても生き延びようとする信仰、その二つが絡み合ったときに生成した、世界で唯一の宗教的形象が隠れキリシタンだと思います。

幕末にプチジャン神父がやってきて、大浦天主堂で隠れキリシタンが「カトリックの信者です」と告白しますね。それからプチジャンによって次々に隠れキリシタンが発見され、ローマ教皇によって「東洋の奇跡」と言われた。でも、プチジャン神父を感動させたのは、何百年にもわたって信仰が「変わることなく」継承されていたことではなくて、世界の他のどこの場所のキリスト教とも似ても似つかぬものに変形しながら、それでもキリスト教として生き延びようとした「もの」に出会ったことだと思うんです。なんだかよくわからない土俗の儀礼なのだが、よくよく近づいて見るとキリスト教だった。信仰がここまで必死に生き延びようとした、その健気さに胸を打たれたのではないでしょうか。

釈 オラショは、明らかに御詠歌ですね。御詠歌に聴こえますよね。

内田 ラテン語による御詠歌ですね。これはすごいです。

釈 そのあたりは、土俗信仰も取り込んでしまうカトリックと、理念が先行しがちなプロテスタントとの違いがあるんでしょうか。

――やはり、儀礼の持っている力ですね。長崎で生き残っている人たちは、踏み絵を踏んだ人たちです。踏まなかった人たちは処刑されたわけですから。踏んだ人たちは踏んだ足袋を焼いて、その灰を毎日水に溶いて飲んでいたといいます。これは衝撃でした。そういう一つの「お勤め」の中に、自分の宗教性を託していく。そういうところはカトリックの強みかなと。

釈 ただならぬ屈折ぶりですね。

内田 あの屈折ぶりはすごいです。

釈 内面が踏みにじられたとき、儀礼が頼りになるんだ。宗教ってすごいな。

内田 棄教してでも信仰を守る。本当にアクロバティックですよね。

――そういう心情を拾ってきた宗教性というものが、どこかにあるわけでしょう?

釈 あります、強烈な罪の意識と共にある。とにかく、日本人だけではなく、人間は生まれ育った宗教的土壌から一生逃れられない。外国で暮らしても、逃れられない。海外在住の日本人ほど、日本文化を意識したりしますよね。キリスト教文化圏の信仰と、日本のキリスト教とはやはり異なる面はあるでしょう。そこが日本人クリスチャンの葛藤であり、おもしろいところですね。内村鑑三は「二つのJ」(ジーザスとジャパン)に生きるということを言っています。一方、遠藤周作などは二つのJの異質性に苦悩した。でも、そこに日本キリスト教独自の魅力もあるんじゃないでしょうか。

――そうですね。日本でクリスチャンであるというのは、はじめからアウェイであり、マイノリティであるということを宿命づけられている。そんな「気分」があります。

釈　日本人クリスチャンの友人に、よく「屈折していますよねー」と冗談で言うんですが、長崎に行ったらそれどころじゃない。二重三重に変質している。それに圧倒されて言葉にするのが難しいと感じました。

特異点としての意義

――明治以降の話をしていきたいと思います。明治になり開国されて、諸外国がいっせいに入ってくる。キリスト教の2回目のピークが訪れます。特にプロテスタントがいろいろな入り方をしてきます。たとえば教育。教会だけではなく、幼稚園もやる。初期プロテスタントのクリスチャンは、旧士族、それも幕府側の人が多かったとも言われます。今まで自分が頼ってきた価値観が総崩れになったときに、新しいものとしてキリスト教を求めた。そういう明治開国以降のキリスト教は、当時の日本人からどう見られていたのか。そのあたりについて、お二人にご意見をうかがいたいと思います。

釈　混乱期や移行期には、人々は何らかの新しい指針を求めます。特に近代初期は、合理的な理性が必要だったのですから、キリスト教に希望の光を見た人は多かったのではないかと。やはり初期のキリスト者には知識人、文化人が多い傾向がありました。それから150年、かなり時間はかかっているけれども、土着してきているとは感じています。教育にしても福祉にしても倫理にしても、あらゆる場面でキリスト教的なものは徐々に深化していっている。まだ時間はかかるけれども、さらに血肉化していくでしょう。興味深いのは、キリスト教国からのニューカマーです。南米やフィリピンなどから、多くの人たちがやってきて働いていています。彼らも日本のカトリック教会に通ったりするらしいのですが、日本のカトリック教会というと、やはりちょっと上流階級の人が多いので、労働者クラスの南米人の人たちには、どうしてもなじめず、軋轢のようなものが起こっているらしいんですね。各教会では、そこにどうにか橋を架けていこうとしています。一方、プロテスタントでは、「自分たちで教会を作る」という人たちがいて。ブラジル人の教会が生まれたりしている。そこではもうポルトガル語でお祈りをして、説教をして、歌を歌っている。日本生まれのブラジル教会なんです。おもしろいでしょう。

――それは文化や民族だけでなく、世代という要因もあるかなと。

釈　ああ、なるほど。今の世代の事情なんですね。その意味でいえば、日本でこれからキリスト教が劇的に拡大するというのは考えにくい。仏教も同じですが、なかなか若い人が来ない。これから大きくなるというのは、やはり考えにくい。サイズが小さくなっていく。そんな中、注目してみたいと考えているのが、日系人の多い地域です。南米などに各宗派がお寺を作っているんですよ。そちらを見れば、これからのお寺の方向性がわかるんじゃないか。同じように、ニューカマーの人たちのキリスト教会の活動には、これからの日本のキリスト教を考えていく上での手がかりがあると思います。

――明治時代の話でもう一つ。確かに禁教は解かれたけれども、日本国家が強い文明に対抗するために、一神教的なものを作り出していきますよね。そういう中でキリスト教にも、この一神教的なものにすり寄っていくものと、離れていくものとが出てくる。たとえば社会主義者でキリスト教徒という人も多かった。明治、大正、昭和を通じて、そういう人たちは一般庶民にとって「危ない人たち」という印象があっただろうなと思うんですが……。

内田　日本の場合、ミッションスクールというのは、社会の特異点なわけですよね。その社会の支配的な価値観と完全には一致しない。「外部に通じる穴」のような働きをしていると思います。ミッションスクールに何年か務めて、ここの存在理由は何だろうと考えたときに、ここで流れている時間は外の時間とは違うということを感じました。この中で流れている時間は、外の時間よりもゆっくり流れている。というか、そもそも時間軸が違うんですよ。非常に長い時間の中に僕たちはいる。外はどんどん目まぐるしい時間で変わっている。でも、ミッションスクールの中では、ゆったりとした時間が流れている。部屋の中に昔の人のたたずまいや残響がまだ残っていて、それに包まれているという独特の感じなんですよ。だから外がどう変わっていこうと、ここは違う空気があり、違う時間が流れている。

近代日本にキリスト教がもたらした最良の贈り物は、社会の支配的な価値観に同化しないということではないかという気がします。神戸女学院は米国の女性宣教師が作った学校ですから、戦時中は強い圧迫を受けるわけですが、それに頑強に抵抗して学校を守っていく。戦後はＧＨＱがやってきて「この建物を接収する」といったときに、当時の学長が自分たちの学校はキリスト教教育と国際理解の拠点校だと言って、これを押し戻す。戦時中であろうと戦後であろうと、その社会における強者が強者の価値観を押し付けようとするときに、それに抗う。そのときどきの社会とは別の時間、別の価値観、別の度量衡の中で思量する。そういう特異な場が存在することは社会にとって必須だと思います。

特異点ですから、そこがマジョリティになることはあり得ない。たぶん５％以下のあたりでしょう。でも、そこに行くと、「外部の風」が吹いている。そこに一歩踏み入ると、自分たちが「これが世界だ」と思っていたところとは違う密度、違う成分の空気がそこにはある。その落差を近代日本のキリスト教会や信徒たちは維持してきたのではないかと思います。それは中国や韓国やフィリピンにおけるキリスト教とはまた違う歴史的役割を果たしたのだと思います。この経験が日本の場合には明治維新以来の富国強兵路線につよい違和感を感じる多くの人たちにとって救いになってきたし、知的・霊的な生産性の拠点になってきたような気がします。

キリスト教から出てきた危険なものの一つが「日猶《ゆ》同祖論」です。日本人とユダヤ人は同じ祖先であり、ユダヤ人＝日本人はキリスト教に対して聖史的に優先権があり、霊的には世界の支配者であり、それゆえに現実に迫害されているから、ユダヤ人と日本人は連携して世界を支配し、欧米のキリスト教列強を睥睨《へいげい》すべきである……という妄想的な説です。でも、興味深いのは、明治大正時代に日猶同祖論を唱えた人たちは、全員クリスチャンだったということです。若いときに入信し、高学歴で、アメリカ留学の経験がある。佐伯好郎も小谷部全一郎も中田重治もそうです。早くから海外に出た青年知識人たちが彼我の国力の差に絶望して、キリスト教を超える霊的ポジションからの愛国主義という解を見出した。この思想は実際に１９３０年代の日本の外交政策にかなり深く関与しました。大日本帝国戦争指導部内にさえ日猶同祖論者はいました。シオニズムに呼応して、満州にユダヤ人たちの「ホームランド」を作るという計画も軍内部では真剣に検討されました。日猶同祖論は近代日本キリスト教に固有の歪み方を映し出していると思います。

釈　時代に流されてしまう人たちもいたわけですね。その一方で、共産主義者、社会主義者も輩出している。いずれにしても、キリスト教聖職者は、信頼感がありますよ。お寺のお坊さんよりはずっと信頼感がある(笑)。

キリスト教は徐々に徐々に土着していっていると思います。神戸女学院をはじめ、大学の１割がミッション系なんです。教育委員会に対する影響力もかなりありますし、クリスチャンではなくても、私たちはこの150年の間に、キリスト教的な感覚を身につけてきました。それは僧侶であっても同様です。日本の仏教教団もキリスト教からずいぶん学んできました。また、欧米の文化をとおして世界や人間を見たりする感覚というのは成熟させてきたんです。いわば、「キリスト教眼鏡」をかけて世界や人間を見るような感じです。150年かけて身につけた眼鏡（笑）。

ただ、ここに来て、今度は「イスラーム眼鏡」が必要になってきました。イスラームの目から見た世界や人間というのは、またずいぶん違うんですね。キリスト教眼鏡じゃ見えないものを、イスラーム眼鏡をかけて見る、そんな必要性が出てきました。

内田　日本人はこの150年、キリスト教眼鏡をかけたり外したりする訓練を積んできているので、たぶんイスラーム眼鏡もかけられるようになると思います。基本的には同じ技術ですから。

先日、ある教育セミナーに行くときに、タクシーに乗り合わせた参加者の女性が「息子のことで悩みが多い」と言うんですね。いろいろ伺っていたら、そのうち「だから、もうこうなったら宗教にでも入ろうかと思っているんです」と言い出した。で、僕に尋ねるんですよ。「イスラームなんかどうでしょう」って（笑）。ふつうの町のおばさんですよ。そういう人が、家族のことで悩んで、宗教にでもすがろうかというときに、「イスラームなんかどうでしょう」とイスラームが選択肢に上がってきている。これを聞いたときのインパクトは大きかったですよ。ああ、そうか、もうこういう流れなのか、と思いました。だから「あ、イスラームなんか、よろしいんじゃないですか」とお答えしました（笑）。

日本の現状では、さまざまな外国の方が来ていています。それぞれに固有の宗教文化を持ち込んできている。そう簡単に日本文化と習合して、隠れキリシタンみたいなアマルガムを創り出すことはないと思います。イスラームの人たちもこれからどんどん入ってくるでしょう。

日本人がたとえばブラジル人ばかりの教会とかフィリピン人ばかりの教会に行くというのはハードルが高そうですけれど、イスラームは教会がありませんから、その点ではむしろハードルが低い。日本人がイスラームの人と結婚してイスラーム社会の成員になる。そうやって日本的なものとイスラームが文化的に習合するということは、これは起こりそうな気がします。あと20年、30年経つと、日本の宗教状況は今までの僕たちが見たこともないような、とても多様なものになっていくような気がします。

暴走を抑えるリミッターとしての教義

――内田先生は「21世紀は宗教の時代だ」と言っておられますね。

内田 僕は70年代から「これからは宗教と武道の時代だ」とずっと言っていますから(笑)。

――釈先生も、ある対談の中で「団塊の世代の人たちは、宗教的な成熟を脇に置いてきたのではないか」と仰っていました。

内田 団塊の世代もそうですが、50代や40代の人たちも霊的な成熟の機会って、本当になかったわけじゃないですか。

釈 無宗教を標榜するのが知性の証しだという世代でもあるわけですよね。何より「伝統をぶっ壊せ」と。でも、今の若い子たちって、もう反発すべき伝統さえないわけですね。だから素直に宗教的なものへのシンパシーを表明する。また、ゲームやアニメなどを通してスピリチュアルなものに共感する。

いずれにしても、宗教についてしっかり向き合わねばならない事態になっています。一番の要因はやはりイスラームです。日本ではこの10年の間にムスリムが倍増している。かなり身近な存在となっています。我々は宗教をまじめに考えないといけない。これは喫緊の課題です。

内田 若い人を中心として、さまざまな宗教的覚醒というものが起こってくるとは思うんです。基本は「宗教的寛容」ということに尽きると思うんです。超越者を信じる仕方には、さまざまな方法がある。一人ひとりの信仰者たちの真率な気持ちには敬意を払うべきです。どんな儀礼であっても、それが生身の人間が関わっているものである以上は、そこにはある種の合理性、必然性がある。超越的なものへの真率な思いとそれに基づく固有の儀礼。それに対してはつねに敬意を以て接すること。それが僕にとっての宗教的寛容ということです。こちらから見ていくら非合理的でも、きっと何か深い理由があるに違いないと思うこと。そういう態度を維持できれば、宗教的な確執はだいたい回避できるのではないかと思います。

――若い人には宗教への抵抗がない。良い意味では「宗教に寛容」ということですね。一方でカルト的なものには、簡単に取り込まれてしまうという面もあるように思います。

釈 もちろん、その恐れもあります。ただ、何をもってカルトとするのかは、けっこう難しい問題です。そもそも宗教とは、社会とは別の価値体系をもっています。ですから、社会とバッティングすることも起こります。社会と別の価値観を持っていなかったら、宗教の存在意義ってほとんどありませんよね。社会とまったく同じ価値観では救われないんですから。だから、どの宗教でも反社会的なものは抱えていますすし、良い宗教と悪い宗教があると考えるより、どの宗教にも良い部分と悪い部分があるとする方がいい。宗教への寛容を大切にする一方で、反社会的な宗教に社会は敢然と立ち向かわねばならないということもあります。また、その悪い部分が暴走しないように、長い時間をかけてできたリミッターが教義です。

内田 良い宗教と悪い宗教という意味では、「そういうものに近づかないほうがいいよ」ということは、割と言いやすい。その教団の中心にいる教祖的な人物が、人々の敬神の気持ちを、自分への個人崇拝にすり替えるような仕掛けになっている教団は僕は基本的にあまり信用しません。超越的なものへの真率な思いに対しては僕は敬意を払いますけれど、現世的な個人がしゃしゃり出てきて、「神を信じるなら、私を信じろ」「私を崇拝しろ」というのは超越的なものへの志向を穢していると思う。どんな領域でもそうです。「私を尊敬しろ」と言って自己神格化しようとする人は二流、三流です。「教祖」ご自身にどれほどの技術があっても知識があっても、自己神格化をする人の門下からまともな弟子は出てきません。

釈 僕の経験から言っても、宗教的に成熟した人は、本当に威圧感がないんですよ。中途半端な奴に限ってカリスマ性を発揮するんですよ（笑）。

内田 「私を見ろ」という宗教家はダメです。「天を見ろ」ですよね、やっぱり。

マクロではなくミクロで見る

――近づいても大丈夫な宗教には、長い間に成熟させた体系があると。体系とは、いわば物語ですよね。

釈 はい、そうです。その物語に心身をゆだねるのが、信仰です。

宗教教団でも、やはり新しいところはあちこち棘が出ているので、社会とバッティングを起こしやすい。それが魅力でもある。長い間かけて練られた伝統的な教団は、よくでき上がっているんだけれども、社会との折り合う部分も多くなって、魅力は低減します。

まあ、とにかく、あまりマクロばかりで見ないことですよ。マクロで見たら、キリスト教は1%しかいないし、これから増えそうもない。お寺もこの数年のうちに半分くらい消える。でもミクロで見れば、一つひとつの教会やお寺の活動はすごく魅力的なものがたくさんあります。マクロとミクロの双方見ていくこと。

内田　生身の体を使って宗教的な行動をするしかないんです。生身の体に、宗教性をしみこませていく。時間はかかります。でもその間に人間性にとっての異物は排除され、血肉となじむような宗教性だけが残る。ゆっくり時間をかけて、自分の中に宗教を会得していく。そのためにいちばん必要なことは、長い時間をかけて修行をすること。行（ぎょう）ですね。自分の体を使って。頭で考えているだけでは、あるレベルを超えることができません。「あっ、わかった！」という直観的な啓示をうかつに信じてはいけない。人間の思惟は頑なんです。簡単には変わらない。それを変えるのは身体なんです。身体は行を通じて着実に変わってゆく。頭では理解できないことを身体は受け入れることができる。そして、ある段階で、身体が実感していることを言葉にしようとすると、それまで自分が一度も言葉にしたことのない未聞の経験が自分の中にもう定着して、血肉化していることがわかる。

釈　つまり、今の自分が抱えている苦しみに、都合のいい宗教を探すような態度は具合が悪いということですね。宗教を道具として使い、情報として消費するような。

そうじゃなくて、ずっとその道を歩むことでこそ、見える光景がある。宗教教義って、「ここまで歩いたらこういう光景が見えますよ」と教えてくれるんです。教義を自分に都合よく使おうとしても、宗教の醍醐味へは到達しません。

――先ほどの「ミクロな面での面白さ」を具体的にご紹介いただけますか。

釈　それはずいぶんありますよ。日本の仏教で言うと、今、曲がり角に来ています。日本のお寺は、地域共同体の上に乗っかってきたんですよね。でも、その地域共同体自体が変質・崩壊し始めている。だから寺も変わらざるを得ない。転換期だから、面白い人物や活動が出てくるんです。私が主宰しているグループホーム「むつみ庵」などのNPO活動も見ていただきたいと思いますし、たとえば大阪の應典院という、年間2～3万人の若者が集まるお寺があるんです。そこは本当に面白い。都市の中に建っておりまして、そこに行けば何か新しい出会いがあるという場所になっています。葬式や訪問などを一切せずに、みんなの合議制で運営しているんですよ。お寺ってこんなにできることがあるのかと。だから自分もお寺の運営に参加したいと思わせるんですよ。そして実際、誰でも運営に参加できる。

一方で、先ほど言いましたブラジルの日系コミュニティのお寺などは、ちょうど日本におけるキリスト教会のようだそうです。向こうではお寺は異物なんですが、日曜日にいろいろな活動をして、人に来てもらうように工夫している。これからの日本のお寺のモデルを考えるヒントがある。

裾野の広がりと儀礼の重要性

――最後に、ハタから見て、お二人からキリスト教への期待というか、エールをいただければと。

釈　キリスト教が人類にもたらしたものは、とてつもなくでかいです。そしてすごくゆっくりですが、日本においても血肉化している。

落語に「宗論」という演目があるんです。熱心な浄土真宗の家の息子がクリスチャンになるという古典演目です。父親のほうは熱心な真宗門徒で、クリスチャンの息子と宗教論争をやる。父親は浄土真宗の教えを、息子はキリスト教を語る。父親は、法蔵菩薩が世自在王仏のもとで修行して、五劫思惟して、悟りを開いて阿弥陀仏になられたという物語をとうとうと語る。一方、息子のほうは、イエスが馬小屋で生まれて、十字架に架けられてという物語を語る。

この作品ができた当時、聴衆は明らかに浄土真宗の物語になじみがあったと思うんです。キリスト教の物語はとても耳新しかった。今では法蔵菩薩のことなんかほとんど知られていない（笑）。むしろイエスのストーリーがなじみ深い。考えてみたら、イスラエルの小さな民族の持っていた神話が、これほど世界中に共有されているというのは、キリスト教のおかげですよね。純然たるキリスト教信仰というものはなかなかなくても、裾野はすごく広がっているし、山が高ければ高いほど、裾野は広がる。そこに日本人はみんな敬意を持っているし、恩恵も受けているのだと思います。

内田 僕は何度も儀礼の重要性を言いましたが、やはり信仰というのは頭でやるのではなく、体を使って実践するものだと思います。特に、なぜやっているのかわからない、昔から伝えられている儀礼。簡単には一意的な解が得られない儀礼ほど深い意味がある。

おそらく世界中で最も多くの人が行っている儀礼というのはクリスマスだと思うんですけれど、もしクリスマスイブの日に火星人が地球を望遠鏡で覗いたときに仰天すると思うんです。世界中の人たちが贈り物を携えて、誰かのもとを訪れている。同じことを同じ日に数十億人がやっている。火星人だって驚くと思いますよ。でも、これはまさに宗教儀礼ですよね。匿名の贈与者からの代償を求めない贈与という、人類学的な叡智を湛えた儀礼だからこそ、これだけの人が実践しているんだと思います。

だから、儀礼に関して、「これは何の意味があるんですか」「どういった実利性があるんですか」という問いに、簡単に答えは出ません。でも、自分の体を通して、繰り返し繰り返し行っていると、段々と薄皮をはぐようにして意味がわかってくる。武道の修行もそうです。やらなきゃわからない。やっているうちに、自分が何をしているのか、それを感知できる身体ができてきて、自分が何をしているのかを説明できる語彙が獲得される。霊的な成熟もそれと同じことで、長い時間をかけ、身体を使って、繰り返し繰り返し具体的な行為を営んでいく。そういうことを続じてはじめて宗教は身につく。そういう長い修錬を積み重ねていく場として、教会はあるんだと思います。

――キリスト教が1％であることを嘆くのではなく、1％であるということに意味があるんだということを教えられました。

「Ministry」2017年11月・35号

編者解題

「宗教、応答せよ」

このごろ巷で流行る〝神〟

「神回」「神ゲー」「神対応」——。

これらはいずれも、主にネットから派生して頻繁に使われてきた俗語である。それぞれの意味はさておき、とにかく何かスゴいものを表現するための形容詞として「神」が濫用されている。主に小学生男子が愛読する『コロコロ』（小学館）などの漫画雑誌にも「神」「悪魔」「天使」といった文字（いわゆる「中二」ワード）が散見される。極めつけは2016年ユーキャン新語・流行語大賞を受賞した「神《かみ》ってる」。漫画やプロ野球ファンの枠を超えて、もはや一大信仰復興運動の到来かと思しき様相である。

しかし、これらの動きがリアルな宗教界そのものへの後押しになってきたかと言えば、必ずしもそうではない。依然として「檀家離れ」「寺院離れ」は深刻だし、キリスト教会はどこも信者の高齢化と人材不足（牧師、司祭の志願者減）の問題にあえいでいる。最近では女優の清水富美加さんによる「出家」騒動が記憶に新しいが、その報じられ方や視聴者の反応を見ても、依然として「宗教コワい」は日本での一般的な共通認識である。

日本の教会では戦後のキリスト教ブーム以降、長く信者数1％（対人口比）という数字が使われてきた。一方で、結婚式は相変わらずキリスト教が（一時期より減ったとはいえ）6割を占め、地方の私学が入学希望者の獲得に四苦八苦する中、「名門」と言われるミッションスクールは軒並み人気ランキングの上位に食い込んでいる。プロテスタントの学校だけでも、小・中・高・短大・大を合わせて年間約8万人の卒業生を輩出しているという統計もあり、少なくとも一度は聖書を読み、賛美歌を聞き、礼拝に参加したことがあるという延べ人口は相当な数に上ると思われる。そして、漫画『聖《セイント》☆おにいさん』や新書『ふしぎなキリスト教』（いずれも講談社）をはじめとする関連本の売り上げから察するに、「（リアルに）信じるつもりはないが（カルチャーとして）知りたい」というアンビバレントな感情を抱く層は確実に増えているというのが実感である。

宗教界はいかに「応答」し得るのか

キリスト教メディアに身を置く者として、そうした世間の注目に宗教界はいかに応え得るかと自問する日々が続く中、文化人類学者の上田紀行さん（P17）による『慈悲の怒り』（朝日新聞出版）に出合った。著者のメッセージはいたってシンプルで、「天災と人災を明確に分け、天災による被災地の救援は徹底しつつ、人災をもたらした構造はよく認識し、変えていくべき」というもの。その「変えるべき構造」というのが、第二次世界大戦における敗因にも通じる責任者の精神構造。つまり「既成事実への屈服と、権限（役割）への逃避。そして、この時期に関わってしまった『私』は、状況の『被害者』なのだと言わんばかりの精神構造」

である。

上田さんは、ダライ・ラマ14世との対談において、怒りには慈悲の心から生じるものと、悪意から生じものの2種類あることを気付かされる。ダライ・ラマによれば、前者は有益で「持つべき怒り」だという。

「私たちは宗教というと、非論理的で、感情をかき立て、私たちの合理的判断を誤らせるものだと考えがちです。しかし仏教の『縁起』の考え方は、きわめて論理的で、そして人間に苦しみをもたらす世界の歪みに対して立ち向かっていく、力強い合理性を持っています。『怒り』が忍耐をもたらす……、それは最初は非常に意外に聞こえます。しかし、人にぶつけてしまうような『小さな怒り』しか持てないから、怒りは暴力の連鎖を生んでしまう。（中略）**私たちが考えるべきは、この社会をいかに人間の善きところを引き出せるようなシステムにしていくかということです。そしてもし現実の世界が人間の悪の部分を引き出してくるようなシステムであれば、『大きな怒り』を持って、そのシステムを変えていくことなのです」**

（『慈悲の怒り』）

読後の爽快感と同時に抱いたのは、忸怩《じくじ》たる思いであった。それはこの間、一般誌によるキリスト教特集が注目を浴びた折にも感じた感覚と同じもの。「これは本来、私たちがやるべき仕事だろう」「教会にこそ必要な提言・視点ではないか」と。

時同じくして筑摩書房刊のPR誌・月刊『ちくま』（２０１２年２月号№４９１）に、美術家の森村泰昌氏による『美術、応答せよ！』と題する一文が掲載されていた。それは、同じ美術家（福田美蘭）からの「表現者として震災に向き合うのは可能か」との問いに答えたもの。

「誰もがアッチを向いている時、芸術家はまったく別の方向に目を向けている。それがいいのか悪いのかはわかりません。良し悪しの問題ではなく、はからずも世間様とは違った立ち位置をとってしまう。このヘンテコリンな感受性のありかたこそが、芸術という領域の特質である。だとすれば、そういうヘンテコリンな感受性が希薄化することと、芸術の衰退とは同義であろう。メイクではなくシャベルを。ネイルエナメルではなく素手を。ドレスではなく作業着を。そのように世の中が命ずるなら、なおのこと、私はこのままメイクを続けるべきなのではないのか」

「重要なのは、日本国民全体が『がんばれニッポン』などという単純きわまりのないキャッチフレーズを謳い上げる時に、芸術家もそれにあわせて唱和するというような馬鹿なことはやめたほうがいいということです。だって、みんなで同じ絵を描くなんて、いっぱしの画家がやることではない。それぞれに違った絵を描くから絵はおもしろい。被災地に行くか行かないかではなく、今の世の中の趨勢はどういう方向に流れているかと注意深く観察し、ならば自分はいかなる選択をすべきかと想像をたくましくすることが重要である。百人の芸術家がいたら百種類の表現がある。これは健全です。みんな同じというのは不健全極まりない。『違いのわかる芸術家』。これが私の理想なのかもしれません」

以上の文章で、「芸術家」や「画家」は「宗教者」に、「芸術」は「宗教」にも置き換えられるのではないか。

「安全」で「安心」なアブナくない宗教？

90年代末。新自由主義の煽りを受けた公的機関の民営化や大学の独立行政法人化が顕著な例だが、「公共」への企業原理の導入により、中・長期的視野が求められる研究機関にも成果主義・競争主義がなだれ込んだ。結果が見えにくい人文系の学部は予算を大幅に削られ、就職活動では「即戦力」にならない文系よりも、技術を身につけた理系のほうが有利だと、まことしやかに語られている。

合理性を追求することは場合によって必要である。ただ、そもそも世俗的な意味において「役に立つ」ことが、宗教の最終目的ではない。とりわけ1995年のオウム事件以後、宗教の側から自らの有用性を説き、社会貢献の度合いを競い合い、「こんなに役に立ちますよ」と喧伝する動きには違和感を禁じ得ない。ともすると、伝統的な宗教教団が「オウムや統一協会などの新興宗教と違って社会のお役に立ちますから、バッシングせずに公益性も認めて、温かく見守ってください」と媚びる傾向になってはいないか。

こうした動きに拍車をかけたのが、2008年に施行され、多くのキリスト教系諸団体をも巻き込んだ公益法人改革である。「キリスト新聞」の取材では、新法人への移行を迫られた関係団体からは、「『民による公益の増進をめざして』といううたい文句とは異なり、行政による指導、相談、助言、誘導が厳しく、当方の自由裁量が制限された」「『公益』についても認定当局の判断に左右されないよう法人側の主張を押し出していく必要がある」など、その成果に疑問を抱く声も上がった（2012年1月28日付）。

社会的存在として相応の責任は当然果たすべきだが、俗社会と一切摩擦を生じさせないような宗教に存在意義はあるのか。バッシングの矛先が、いつ自分たちに向けられるかもしれないという覚悟はあるのか。その意味で、宗教は世間的な価値規範においては「役に立たない」側面や、「脱社会的」な側面があることを忘れてはならない。

宗教に限らず、芸術、文化なども、時代の閉塞状況において真っ先に切り捨てられる分野。しかし、目に見えず、数で計れず、結果もすぐには出ないような部分の価値をも認められる社会であってほしいと切に願う。「結果を出すこと」「役に立つ」ことを目的としないものが、実は大局的に見れば（より本質的に）、期待をはるかに上回る大きな成果を上げるということは、十分にあり得る。

そして、宗教のあるべき「応答」とは、「社会貢献」に限られるものではない。「宗教コワい」という世間の声に対して、私たちがすべき反応は「コワくありません」という弁明や「コワがっているうちはわからない」という拒絶ではない。学校の先生や職場の上司、家族や友人では提起できないかもしれない第三の視点や新しい「物差し」、価値観を示してみせることである。

本書で散々繰り返してきた「あなたにとっての宗教とは？」という問いと、それに対する十人十色の答えは、そうした宗教者の立つべきポジションを改めて教えてくれる。信仰の有無を越えて、キリスト教に関心を抱く人々と共有できるものがきっとある。

池澤夏樹さん（P47）や阿刀田高さん（P61）のように信仰者と非信仰者の橋渡しを買って出る人がいる。里中満智子さん（P117）のようにクリスチャンと同じかそれ以上の熱量で聖書の物語を愛する人もいる。これらの声に耳を傾けるとき、聖書を信者だけの専有物にしてはならないということに初めて思い至る。

キリスト教の関係者にとっては耳の痛い指摘も、心温まる慰めの言葉も、力強い叱咤激励も、これからの「発信」や「応答」にとって大事なヒントとなるに違いない。そのヒントをひろい集めて発信することが、私にとっての「宗教改革」であり、「バージョン2・0」へのスタート地点だ。

「ハタから」見える新たな地平

20代前半で結婚した私の妻は、いわゆる「ノンクリスチャン」である。キリスト教徒の中には、「結婚するなら絶対に同じ信仰を共有できる相手と」という考えも根強くあるが、私はハナからそれを条件とはしていなかった。たまたま出会って、たまたま好き同士だった相手がたまたまクリスチャンではなかったというだけのこと（もちろん、この「たまたま」を信者は「神のご計画」「御旨」と呼んだりするのだが……）。出逢った当初はそれほど意識しなかったが、今になってありがたいと思うのは、常に身近に「ハタから」の視点を意識せざるを得ないことだ。もともと「ガチクリ」（熱心なクリスチャン）の両親のもとに生まれ、「クリスチャンホーム」で育った私にとって当たり前のことが、世間的には当たり前ではないことのほうが多く、それらは他人から指摘してもらわなければ気付けないことばかりなのである。

これは何も宗教に限ったことではなく、長く「中」にいた人にとっては、何が常識で、何が常識でないかは判別しにくい。周囲からどのように見られているか、自らを客観視することで「外」に向けてどのようなアピールやアプローチが必要かを考えるということは、あらゆる分野のプレゼンテーションにおいて基礎となるはずである。

今回、本書を弊社ではなく他社からの刊行を試みたのも、まさに同じ理由による。自社の媒体で掲載したインタビューの真価は、「ハタから」でなければ正当に評価できないと考えたからである。案の定、「ころから」の木瀬貴吉さんには宗教者ではない観点から的確な助言をいただくことができた。書名の「宗教改革2・0へ」も木瀬さんの発案による。2009年の雑誌創刊から、続けて探求してきたテーマは、まさに500年前の「宗教改革」の延長線上にあると言っても過言ではない。

名も知らぬ弊誌の取材を快諾してくださった皆様、インタビュー時の撮影から編集に至るまでご尽力いただいた「Ministry」スタッフの皆様、出版社「ころから」の皆様、そしてワーカホリック気味の私を日々温かく支え励ましてくれている家族に、この場を借りて深く御礼を申し上げたい。

2018年4月1日　イースター（復活祭）

松谷信司

キリスト新聞社とは？

「生協の父」であるキリスト教社会事業家・賀川豊彦（1888～1960年）によって1946年に創業されたキリスト教の専門出版社。同年創刊の「キリスト新聞」は72年間に3400号以上を数える。月３回発行し、カトリックからプロテスタント、正教会まで教派を超えて読まれている。また2009年創刊の総合情報誌「Ministry《ミニストリー》」を年４回刊行。「次世代の教会をゲンキにする応援マガジン」を掲げ、これまでキリスト教メディアでは取り上げられなかった牧師の精神衛生や牧師家庭の問題、自死、引退、過疎・高齢化などの課題に切り込んできた。
全国の教会、団体、個人（牧師など）の情報を網羅した国内唯一の年鑑『キリスト教年鑑』を毎年２月に刊行。近年は“遊びながら聖書の世界に親しめる”をコンセプトとした業界初のカードゲーム「バイブルハンター」を皮切りに、シリーズ商品７作をリリース。「モーセの海割り」など、アプリゲームの開発にも着手している。

The Kirisuto Shinbun
KiriShin
4.11
教派愛“は永遠に
3年間のご愛読ありがとう

キリスト新聞

次世代の教会をゲンキにする応援マガジン
ミニストリー
Ministry vol.37
特集
会議に命を与えよう
「世界の教会と日本のキリスト教」
「精神医療とキリスト教カウンセリング」

Ministry（ミニストリー）

連絡先
〒162-0814　東京都新宿区新小川町９－１
文書センター4階
電話▶ 03-5579-2432
ホームページ▶ http://www.kirishin.com/
ツイッター▶ @christweekly

松谷信司 まつたに・しんじ

1976年福島県生まれ。キリスト新聞社代表取締役。厳格なクリスチャンの両親のもとで育つ。埼玉大学教育学部卒業後、テレビ報道に携わる。ミッション系小学校の教員を経て2006年にキリスト新聞社に入社。週刊「キリスト新聞」の記者としてさまざまな教派・教団の現場を取材。2009年、「次世代の教会をゲンキにする応援マガジン」を掲げて創刊した季刊「Ministry（ミニストリー）」で編集長を務める。キリスト新聞では現役牧師によるリレーエッセイ「伝道宣隊キョウカイジャー」や教派擬人化マンガ「ピューリたん」などを企画し話題に。2011年から教会関係者によるフリーマーケット「いのり☆フェスティバル」を毎年開催。
著書に『キリスト教のリアル』（ポプラ社）、『若者とキリスト教』（共著、キリスト新聞社）。

Twitter @macchan1109

宗教改革2・0へ

ハタから見えるキリスト教会のマルとバツ

2018年6月21日初版発行
定価1600円＋税

編著者 松谷信司
パブリッシャー 木瀬貴吉
装丁 安藤 順

発行 ころから
〒115-0045
東京都北区赤羽1-19-7-603
TEL 03-5939-7950
FAX 03-5939-7951
MAIL office@korocolor.com
HP http://korocolor.com
SHOP https://colobooks.com

ISBN 978-4-907239-32-9
C0036